六星父母教养法

王伟 曾珈·著

爱的能力
家庭规则　　　　　教养知识
韧性
责任　　乐观
自信　　专注
教养方式　　　　　投入度
适应
父母性格

六星父母成长模型
The Six-Pointed Development Program

中国纺织出版社有限公司　｜　国家一级出版社
全国百佳图书出版单位

内 容 提 要

本书以伊顿家长大学开发的六星父母测评及相关课程为基础，为当代父母提供了一种新的教养理念。"六星父母"即代表父母在养育孩子过程中的六个侧重点，它们分别对应父母爱的能力、教养知识、家庭规则、父母性格、投入度和教养方式。父母在培养孩子的过程中，这六大维度相辅相成，缺一不可，它们也相应地对孩子产生六大方面的重要影响，分别影响着孩子的韧性、心态、责任心、适应性、专注力和自信心。

全书理论与实践相结合，案例丰富，希望父母能借由本书不断提升自己，让孩子得到更好的成长。

图书在版编目（CIP）数据

六星父母教养法/王伟，曾珈著. ——北京：中国纺织出版社有限公司，2020.1
ISBN 978-7-5180-6462-5

Ⅰ.①六… Ⅱ.①王…②曾… Ⅲ.①儿童教育—家庭教育 Ⅳ.①G782

中国版本图书馆CIP数据核字（2019）第164564号

策划编辑：刘 丹　　特约编辑：金 菊
责任校对：高 涵　　责任印制：储志伟

中国纺织出版社有限公司出版发行
地址：北京市朝阳区百子湾东里A407号楼　邮政编码：100124
销售电话：010—67004422　传真：010—87155801
http://www.c-textilep.com
E-mail：faxing@c-textilep.com
中国纺织出版社天猫旗舰店
官方微博http://weibo.com/2119887771
北京通天印刷有限责任公司印刷　各地新华书店经销
2020年1月第1版第1次印刷
开本：710×1000　1/16　印张：13.5
字数：146千字　定价：49.80元

凡购本书，如有缺页、倒页、脱页，由本社图书营销中心调换

序

缘 起

2002年"伊顿国际幼儿园"成立，2013年"伊顿家长大学"应运而生。前者注重对孩子的教育，后者重心在父母。父母是孩子最直接的榜样和启蒙者，也是决定孩子未来走向的关键养育者。父母肩负着教养子女的天职，有了良好的父母教育，然后才能谈良好的儿童教育。这也是我们创办伊顿家长大学的初衷。

多年的办学经验和与家长的沟通交流，我们深切地感受到家庭教育远比学校教育重要，父母教育远比老师教育重要。当然，一个好老师带给孩子的影响也很深远，但对于孩子成长影响深远的仍是父母，父母在日常生活中的点滴身教大于老师的有限言传，所以，父母对孩子未来的影响会更大。

现实中，很多家长过分依赖老师和学校，以为只要把孩子交给学校就万事大吉了。大部分的家长过分依赖老师，而松懈了对孩子的家庭教育，也有一部分家长虽然意识到了家庭教育的重要性，但担起教育担子的大部分是母亲，父亲往往是缺位的。当父亲在家庭中只是忙于赚钱养家，担当的仅仅是养家糊口角色的时候，就鲜有时间和孩子在一起，父亲自然在孩子心里不会占据太重要的位置。可喜的是，最近十几年来，渐渐有人关注父亲参与家庭教育的话题。

从国外传来的一些有关父亲教育的思想，也开始影响国人。

诚然，每个父母在育儿之前都没有经验，我们在教育孩子的过程中无非是复制或承袭原生家庭的教育方式。所以，每个年轻的父母都会犯错，或者犯了错浑然不觉，这也使得我们在教育孩子的过程中，比较容易发现孩子的问题却看不见自己的问题。犯了错不可怕，父母应该去学习而不是被责备。只有父母善于学习，最终都可以修正自己的教育方法，达到与孩子共同成长的目的。

当今"80后"、"90后"的父母已经成为社会的中流砥柱，无论是处在事业的上升期还是处在育儿的高峰期，对年轻父母的考验无处不在。相较上一辈的父母，他们个性更张扬，自我意识更强，在学识和文化的积累上要比上一辈父母更好，眼界更开阔，但少了上一辈父母流动性小、陪伴孩子时间长的优势。年轻的父母因为经济发展大环境改变，流动性强，工作就业范围广，造成不能陪孩子，不能亲自照顾孩子的比例不断上升，这也使得教育孩子出现了"经济提升，养育下降"的风险。同时，年轻父母在养育孩子的过程中出现了较上一辈父母更多的焦虑感，其原因在于，他们自己知道要学习，但往往不知道自己缺什么，只能随大流，市场上有什么就赶紧学什么，面对市场上繁复多样的幼儿教育产品不知如何选择，比较茫然。

那么，真正的学习是怎样的？父母教育该如何进行？有没有这样一本书，能反过来让你知道在做父母方面自己的需求是什么，并且能比较系统地了解应当在哪些方面提高？

针对上述困境，伊顿家长大学联合国内外业内的专家学者，通过对伊顿国际教育集团近50家园所中8000余名家长的调研，耗时两年的"六星父母成长模型"体系应运而生。在连续不断的推广使用中，该体系受到了家长们的好评与推荐。

在研究过程中，我们积累了大量的研究资料、典型案例和数据。为使这项成果惠及更多家长，我们特组织人力，把这些珍贵的一手资料汇总，并进行了再次加工，添加更多鲜活的案例，使其更具可读性。

我们希望父母们可借由该体系系统了解和认清自己的教养方式，取长补短，从而更好地提升自己，建立良好的亲子关系。

在此感谢心理学专家董如峰、北大心理学博士汪冰、英国约克大学教育心理学博士何玉丹等对该项目作出的贡献。

六星父母成长模型概述

六星父母成长模型有六大维度（所以我们叫它"六星模型"）：**爱的能力、父母性格、投入度、教养知识、教养方式、家庭规则**。每一个维度都对于家长有着重要的意义，家长在每个维度上的成长状况将直接影响到孩子各项能力的养成，包括孩子的韧性、孩子的乐观心态、孩子的适应性、孩子的自信、孩子的责任心和孩子的专注力。如图所示。

◆ **爱的能力**

孩子一生下来，便无时无刻不在渴望父母的回应，渴望得到真正的爱与情感联接。爱的能力对父母来说并不陌生，是做父母的一种基本能力。如果父母缺乏爱的能力，孩子就无法感受到被爱。一个没有感受到被爱的孩子极有可能在未来的成长岁月中也不知道如何去爱自己、爱别人。不仅如此，从现实教育的角度来看，当一个家长缺乏爱的能力或者爱的能力不足的时候，亲子关系就会成为一个很大的问题。

爱就是爱，不能打着爱的名义衍生出不良的负面情绪，比如焦虑、担心、恐惧等。作为父母，我们要学会区分，将爱从我们的情绪和习性中剥离开来，这样，你的孩子才可以真正接收到爱的礼物。

爱的能力包括爱的及时性和稳定性，对孩子要具备同理心，给予孩子应有的尊重和边界感，爱却不溺爱，会爱而不错爱，让爱有度、有原则。如此，接收到这些爱的孩子才会成为有"韧性"的人。

◆ 父母性格

每个人都有自己的特性和品质，父母孩子都是如此。父母性格包括：力量型、活跃型、和缓型和敏感型。每种性格都会为孩子带来或多或少、或坏或好的影响。综合来看，父母的性格最直接影响到孩子的就是适应力。我们都知道，不同性格的人之间相处要经历了解和适应的过程，所以了解并适应彼此的性格是人际关系的基础。父母会依据孩子的特点来教育孩子，同样孩子也会依据父母的特点来与父母互动，并受到影响。

◆ 投入度

父母在孩子身上的投入度直接影响到孩子专注力的养成。换句话说，父母的投入度越高，孩子长大以后的专注力就越强。孩子总是希望得到家长的关注，如果他们的精力都用在了吸引成人的关注上，那么他们就很难集中精力在自己所做的事情上，长此以往，就会很大程度地影响自己专注力的养成。

这里的投入度不是仅仅考量父母在孩子身上投入时间的长短，因为除了时间的长短之外，投入频率和投入质量同样会影响到陪伴的效果。

◆ 教养知识

父母的教养知识分为基础教养知识和高等教养知识，教养知识水平会影响到孩子成长的各个方面。尤其对于五岁之前和五岁之后的孩子来说，教养知识，对孩子的影响至关重要。教养知识丰富的父母，相对于教养知识匮乏的父母在育儿过程中会更加自信从容，而且在养育孩子的过程中处理问题的态度也不同，丰富的教养知识能够帮助父母提升亲子时光的质量，促进亲子关系，能让父母享受亲子育儿的过程。无形中，能够培养孩子的乐观性格。

◆ 教养方式

教养方式和父母性格以及教养知识环环相扣，我们的教养方式往往直接受到父母性格的影响，父母掌握的教养知识也会对教养方式形成影响或修正。

教养方式是指父母在与孩子互动过程中更多地呈现出来的态度和行为方式。教养方式对孩子以后的亲子教育模式以及人际模式有着直接的影响。我们很多父母会觉察到自己教育孩子的方式似乎和小时候自己的父母与自己互动的方式十分相似，这就是教养方式的代际遗传。

教养方式会影响到孩子的自信，因为它的核心是对孩子思想以及情绪情感的对待方式，如果我们能够尊重孩子的自我边界，尊重他们的想法以及情绪情感，那么孩子的自信心就会建立得很好。

◆ 家庭规则

无规矩不成方圆，对于教育孩子而言，规则就是父母手中的戒尺，从孩子低幼龄时开始定规则，将对孩子产生非常深远的影响。家庭规则要从两个方面进行，其一，父母是否有意识去定立家庭规则；其二，规则是否能够有效执行。只有做到这两个方面，规则才能有效。

一个从小具备规则意识的孩子，在与别人交往的时候往往知轻重、懂分寸，他们不会为所欲为，不会认为自己的需求大于一切。他们会了解万事都有个度，这个度是一条红线，如果跨越了，就必须承担某些后果。所以，家庭规则的有效、合理制定和执行有利于培养孩子的责任意识。

如何使用本书

为了让父母更好地运用该书，我们建议父母们：

1. 测测您的育儿理念

可关注"ETONKIDS家长课堂"，回复"测评"，即可开启您的测评体验。

测评共有85道题，大概需要您20分钟的时间，在线提交完毕，系统会为您生成详细的解读报告。截止本书稿完成之日，已有近1.8万名父母参与了测评。

2. 领取您的专属育儿解决方案（测评报告）

经过上述测评，您会得到一份专属的测评报告，这项报告包含您目前在育儿方面的得分情况以及改进分析。为了让您有直观的感受，我们选取了其中一位妈妈的测评报告的概况截图，如8~11页所示，后面更为详细的解读报告我们并没有截取，因为比起展示其他妈妈的育儿报告，我们相信，您亲自动手测一测更有价值和意义。

8

ıll 中国电信 4G　　11:46　　　74%

← 　　　测评报告　　　···

测评报告(完整)

测评人：177****2823　　测评时间：2019-08-12

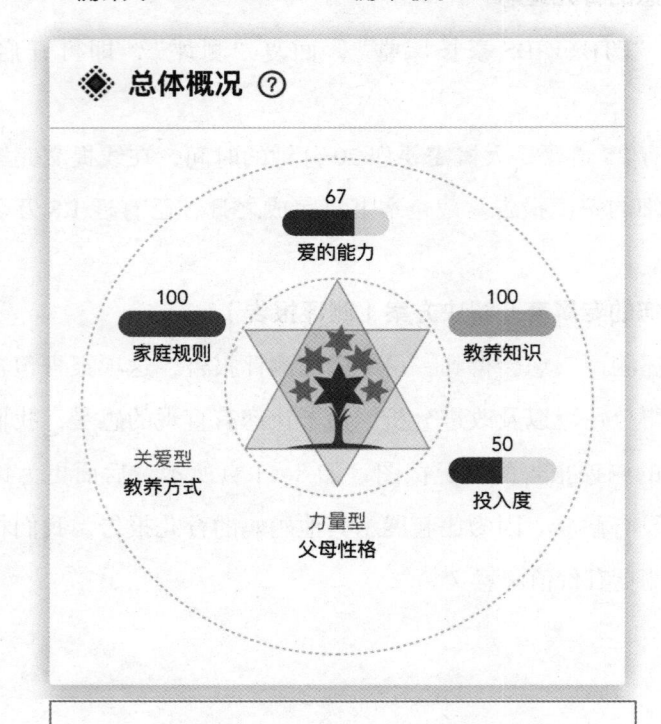

◆ **总体概况** ?

67
爱的能力

100　　　　　　　100
家庭规则　　　　　教养知识

关爱型　　　　　　　　50
教养方式　　　　　　投入度

力量型
父母性格

注：测评报告首先会分析出您在 6 个维度的得分情况。

爱的能力

- 爱的稳定性 58分
- 边界感 50分
- 爱的及时性 50分
- 同理心 100分
- 原则性 75分

教养知识

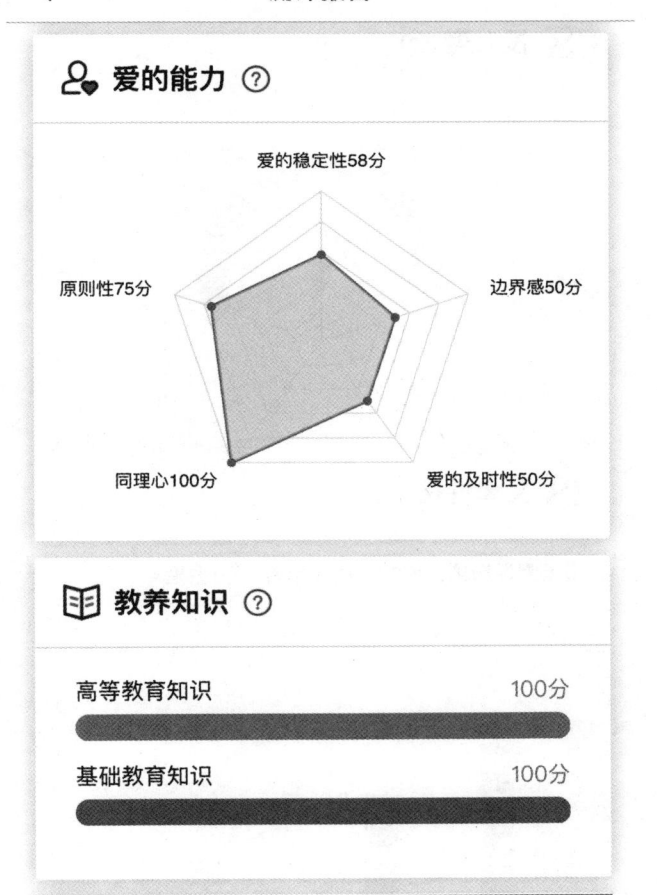

高等教育知识　　100分

基础教育知识　　100分

注：报告中会为您提供在各个维度下具体的分析情况。

··ııl 中国电信 4G　　11:46　　@ ⏰ 74% 🔋

← 　　测评报告　　　···

⌛ **投入度** ❓

40　60
20　　80
0　　　100
50分

👥 **父母性格测试** ❓

根据测评结果，您的性格类型为： 力量型

力量型　活跃型　和缓型　敏感型

教养方式

根据测评结果，您的主要教养方式为：关爱型

- 忽视型
- 强权型
- 宠溺型
- 关爱型
- 民主型

家庭规则

100分

伊顿家长大学的专家们用了两年时间，通过调研其全国近50家校园，约访8000余名家长，获得样本数据1000余份，潜心研发出一套基于3~6岁儿童父母的测评系统和学习体系——六星父母成长模型测评和学习系统，又用了近一年的时间打磨，通过在线网络学习，在校园家长内部广泛使用，目前已获得近5000人的样本数据和1.8万次的访问量，受到了家长们的一致好评。

以六星测评为母体，以教育部颁发的《3~6岁儿童发展与学习指南》为依据，伊顿家长大学开发出了六星父母成长模型课程。

目录

第一章 爱的能力：增强孩子的韧性

有方法：爱得不对，越爱越累 　　3
"和"孩子说话，还是"对"孩子说话 　　3
对行为摇头，对孩子点头 　　5
孩子不喜欢父母的哪些行为 　　6
爱是客观鼓励，不是单纯赞美 　　9
不要总看到"别人家的孩子" 　　11

无条件：接纳是全心全意去爱 　　14
爱是要感受孩子的感受 　　14
孩子被接纳了，情绪才能改变 　　17
父母好好说话很重要 　　20
不随便给孩子"贴标签" 　　22
爱的稳定性和及时性 　　24

同理心：站在孩子的立场看问题　　　29

　　父母对孩子要有觉察力　　29
　　孩子的行为来自心情　　31
　　同理心的"情"与"理"　　34
　　同理心能改变看问题的角度　　36
　　"没关系，妈妈相信你"　　37

原则性：心软不是爱，爱要温和而坚定　　39

　　如何做到温和坚定　　39
　　家长一个温和，而另一个坚定好吗　　42
　　父母"朝令夕改"，孩子如何"坚定不移"　　43
　　孩子做不到，是父母期望值过高　　44
　　原则需要有宽有严　　46

边界感：教育的对立面是操纵　　48

　　"爱"与"控制"是天平两端　　48
　　什么行为影响孩子的"边界感"　　50
　　边界感从被尊重开始　　52
　　孩子的感觉很重要　　54
　　父母之爱是为了分离而存在　　56

第二章　父母性格：决定孩子的适应性

了解自己是什么性格的父母　　61

　　力量型父母　　61
　　活跃型父母　　64

  和缓型父母   66
  敏感型父母   68

孩子的行为映射父母性格   71

  力量型父母太强势，孩子没有"安全感"   71
  活跃型父母情绪不稳定，孩子敏感多疑   73
  和缓型父母做事无原则，孩子易被纵容   74
  敏感型父母追求完美，孩子力不从心   76

性格难改，认知易改——做成长型父母   78

  力量型父母应少"命令"多"商量"   78
  活跃型父母，控制情绪是关键   80
  和缓型父母要无条件接纳，有原则地爱   82
  敏感型父母应提升认知，少追求完美   84

第三章　投入度：养出专注力强的孩子

投入=花时间陪伴   89

  时间要花在孩子的黄金年龄上   89
  在孩子身边不等于陪伴   91
  真正的陪伴是全心投入   93
  陪伴要学会时间管理   96

投入=高质量陪伴   99

  高质量的陪伴是父母和孩子都感到舒服   99
  不要用"任务式"陪伴糊弄孩子   101

低质量陪伴是一种伤害　　　　　　　　　　　　103
　　提升投入质量的方法和技巧　　　　　　　　　　106

投入=固定频次陪伴　　　　　　　　　　　　　　110
　　为什么投入的频次比投入的时间更重要　　　　　110
　　高频次的陪伴能双向受益　　　　　　　　　　　111
　　养成固定频次陪伴的技巧与方法　　　　　　　　113

第四章　教养知识：让孩子学会乐观

　　父母的教养知识如何影响孩子　　　　　　　　　119
　　教养知识丰富养娃更从容　　　　　　　　　　　121
　　学习教养知识，重新认识自己　　　　　　　　　124
　　教养知识的提升来自反思　　　　　　　　　　　127
　　学习教养知识的几个原则　　　　　　　　　　　130

第五章　教养方式：孩子自信的关键

　　教养方式的定义　　　　　　　　　　　　　　　135
　　强权型教养方式　　　　　　　　　　　　　　　137
　　关爱型教养方式　　　　　　　　　　　　　　　140
　　民主型教养方式　　　　　　　　　　　　　　　141
　　宠溺型教养方式　　　　　　　　　　　　　　　143
　　忽视型教养方式　　　　　　　　　　　　　　　146
　　最好的教养方式　　　　　　　　　　　　　　　149

第六章　家庭规则：让孩子责任心更强

规则对于孩子到底意味着什么　　　　　　　　　　　　**155**

制定家庭规则的 CRA 原则　　　　　　　　　　　　　**158**

如何执行家庭规则　　　　　　　　　　　　　　　　　**165**

执行规则的最大挑战——孩子的反抗　　　　　　　　　**169**

有效执行家庭规则的关键　　　　　　　　　　　　　　**171**

案例篇：常见问题解决方案　　　　　　　　　　　　173

第一章 爱的能力

增强孩子的韧性

有方法：爱得不对，越爱越累

"和"孩子说话，还是"对"孩子说话

教育专家总结，从有了孩子那天，智慧的教育应该是：蹲下来讲话，抱起来交流，牵着手教育。

蹲下来讲话是一种尊重和换位思考。试着以孩子的视角去看待世界和问题；抱起来交流是一种接纳。我可能不认同你的行为，但我永远爱你这个人；牵着手教育是一种身体力行的榜样示范。要求孩子做到的，我们要先做到。

能够做到这三点，说明父母对孩子爱的能力是合格的。而现实中很多父母却很难做到。更多的是高高在上命令式地"对"孩子讲话，而不是站在尊重的角度去"和"孩子说话。

父母是"对"孩子说话，还是"和"孩子说话，意义大不相同，结果也会完全不一样。"对"是在告诉他，我们要他怎样，是在让他顺从，是我们在思考。而"和"孩子说话，是我们和他一起思考，找寻解决问题或改善情况的方法。

比如，哥哥抢夺了妹妹的玩具，父母可以有两种说法，第一种："你作为哥哥抢夺妹妹的玩具不对，你是哥哥应该让着妹妹。"这是"对"孩子说话。反过来，"和"孩子说话则是："我有些好奇，为什么你会和妹妹争抢同一个玩具呢？你有什么想法？"

孩子可能会说:"因为那个玩具是我的!"

"那除了去抢夺,还有没有别的办法来让妹妹还给你呢?"这样是讨论。父母如果接纳哥哥此刻自己玩具被霸占的感受,并且不评价,这是一种尊重。而关于孩子的事情,大部分可以归为"发生了什么,为什么"这个解决的焦点上,一旦做到了,父母爱的能力也就提升了。

爱的能力有三个层次。第一个层次,用好的行为规范以言传身教的方式去影响孩子,这是孩子最易习得的一种方式,也是爱的能力较高的表现。第二个层次,在肉体上养,心灵上不养。只负责孩子健康平安长大,至于精神和感受不去关注和重视,这是爱的能力有所欠缺的表现。第三个层次,用自己错误的言行,把不好的行为和思想传递给孩子。这是爱的能力最低层次的表现,不要以为这个层次的父母不多,事实上,很多父母会无意识地用自己的错误言行影响孩子。比如:

有一个妈妈带着孩子逛公园,游园的人很多,孩子提出要上厕所。妈妈看到公厕门前排起了长队,就带着孩子插队,看上去只有三岁左右的孩子拉着妈妈的手小声地提醒:"妈妈,我们要排队,不能插队。"妈妈不但没有听孩子的话,反而对孩子说:"没事,你是小孩子,想上厕所就赶紧解决,不用排队了。""妈妈,我能憋住,我们应该排队。"孩子继续坚持规则,妈妈却让孩子闭嘴,不管不顾地挤到了队伍前面,引起了很多人的不满。

这个案例中的妈妈典型属于第三个层次,把不好的行为和思想传递给了孩子。

所以,爱不等于会爱,用错方式就是伤害;爱就是爱,伤害就是伤害,不要用爱的名义去伤害;爱要有方法,既要满足物质的需求,也能满足精神的需求。父母要不断学习,用正确的方式去爱孩子,有能力给孩子优质的教育，有时间陪伴孩子成长。既能通过言传身教去影响孩子，又能在尊重的基础上，和孩子共同讨论和面对问题。

现在有不少家长发出这样的感慨：孩子有什么话总不肯跟我说，我说什么孩子也不愿意听。事实上，父母不会和孩子沟通是个大问题。如果在日常沟通上，孩子觉得自己说的话受不到父母的重视，便会把自己的想法藏起来。而且，孩子还会感觉到父母是不尊重自己的，从而更加减少与父母的沟通，最后就会演变成父母认为孩子不听话，孩子认为父母不懂自己。

父母在日常沟通中可以用诸如"你现在的感受是……因为……""你的意思是……""你想说的是……"等句式，引导和帮助孩子说出心里话。如果孩子的语言表达能力比较强，可以用"我愿意听听你的想法"等句式鼓励孩子自己表达心声。

对行为摇头，对孩子点头

在教育孩子的过程中，遇到问题我们首先想到的是帮助孩子去解决问题，而不是纠结于孩子的态度问题。解决问题是"对事"，纠结孩子的态度问题则是"对人"。所以，爱的能力也包括解决孩子问题时如何能够做到对事不对人。换句话说，如何才能做到对孩子的错误行为说不，而对于孩子犯了错误得到纠正之后，更要给予孩子肯定和鼓励。

打个比方来说，如果是我们做错了事，我们已经意识到自己的错误，然而对方却不依不饶地数落我们，我们的心理压力就会加大，内心会更加难受。每个人都有可能犯错，然而并不是每一个错误都罪不可赦，父母要学着去接纳和宽容，而不是揪着错误得理不饶人。

比如绘本《大卫，不可以》中，妈妈是严厉的，对大卫的一些"错误"

行为总是说"不可以"。

踩着椅子够高处的糖，妈妈怕他摔下来，对他说"不可以"；穿着沾满泥巴的鞋子进客厅，妈妈对他说"不可以"；浴缸的水溢了一地，妈妈说"不可以"；洗完澡光屁股跑到大街上，吃饭玩食物，不睡觉、不收拾玩具等这些在妈妈眼里的错误行为，妈妈都说"不可以"；尤其是在屋里打棒球的时候，打碎了花瓶，妈妈惩罚他面壁思过，让他认识到自己的行为是错误的。当大卫认错了以后，妈妈紧紧搂着他，说"大卫，妈妈爱你"。

这个故事表达了对孩子的界限和无条件的爱。孩子需要自由发展，但父母仍然要对其有约束，让他们知道有些事情是"不可以"的。当然，不是因为"不可以"就不可爱，在建立界限的同时，不要忘记给孩子拥抱和爱。对孩子的不当行为摇头，给孩子温暖和爱。

每个孩子在成长的过程中总会犯各种各样的错误，孩子的行为也会出现各种不符合规则的情况，父母只有真正做到对事不对人，才能让孩子明白什么是正确的，什么是错误的，而在纠正错误、改正行为的过程中，孩子也能体会到父母对自己真正的爱。爱要无条件，但要有界限，并且贵在坚持，自始至终，前后一致。

孩子不喜欢父母的哪些行为

第一次为人父母，都是育儿领域的小白，每个父母曾经也都是孩子。在父母养育我们的过程中，我们感受父母的爱大部分是通过父母的言行得来的。不管处于哪个年龄段的孩子，都能够敏锐地捕捉到父母行为中藏着自己喜欢或不喜欢的因素。作为父母，有没有想过，当角色互换，孩子是怎么看你的呢？

我们曾在课上让家长回顾自己的成长历程。如果我们能够清晰地记得自己是如何长大的，我们就会成为更好的父母。

比如，当我们由于犯错受到父母指责，从今天成年人的角度看父母当时的行为是恨铁不成钢，但回溯到小时候的场景，幼小的心灵会觉得父母在嫌弃自己，又或者在父母过分指责的情况下，认为自己做得不好，不被人爱。所以，孩子的理解和父母的发心或动机并不同频，甚至父母言行中认为对孩子的好，孩子并不领情甚至会错解。

父母常有的一些行为是孩子不喜欢的。

第一，无休止地忙。父母总说忙没有时间陪伴孩子；无论孩子提什么样的要求，父母总以太忙为借口加以拒绝，而孩子是通过父母愿不愿意花时间陪伴自己来验证自己是不是值得被爱，是不是很重要。父母会认为自己很冤，有家要养，要赚钱、要生活等，而在孩子的价值观里，他们对爱的衡量标准和大人是不同的。

比如，有个妈妈特别忙，孩子想让妈妈陪陪自己的时候，妈妈以正在加班为由，给了孩子纸笔让孩子画画。孩子画画途中几次想让妈妈欣赏自己的画，可是妈妈总对孩子说："宝贝先自己画，妈妈忙完再看。"于是，当妈妈终于忙完的时候，想看看孩子干吗呢，发现孩子把自己画好的画全部用黑色彩笔涂成了黑色。妈妈有些气恼，指责孩子说："让你画画，怎么全涂成黑色呢？"孩子有些委屈地说："我画了绿草地，妈妈没看，在绿草地上画小狗的时候，你还是没看，最后我画了很美好的画，有天空、白云、太阳和小鸟，妈妈都忙着没看见。我看窗外都黑了，所以就把画涂成了黑色。"听到这些，妈妈有些内疚，孩子的想法和大人是多么不同。

第二，总爱讲道理。大人总觉得讲道理是最快的解决问题的方式，但是我们小时候都知道，当父母开始讲大道理的时候，我们特别希望把自己的耳朵捂起来，而且如果孩子能够理解这些大道理，那他可能就不是孩子了。现在流行这样一句话：知道这么多道理，却无法过好这一生。连大人都存在懂得道理，但在知和行之间的差异是如此巨大的问题，那我们不停地跟孩子讲道理又有何意义呢？爱讲道理的家长往往不太关注孩子的情绪感受，这有点像我们累了一天回家，爱人并没有关心我们今天累不累、辛苦不辛苦，反而劈头盖脸就开始讲道理，如何做一个好丈夫、如何做一个好爸爸。再者，一个全职妈妈被孩子累了一天，却被下班回家的丈夫指责家里太乱，饭做得不够及时，我们会开心吗？很多时候可能带来的是争吵、争执。所以讲道理的家长往往并不知道如何用孩子喜欢的、能够接受的方式去让他们理解自己想说什么，进而过渡到我要表达什么。这种单方向的传道士的教育往往最容易引起孩子的逆反，也是父母缺乏爱的共情能力的一种表现。

第三，父母干涉过多。无论孩子做什么决定、做什么事情父母都要干涉，其中有的父母给出干涉孩子的理由，诸如我吃的盐比孩子吃的饭多，我走过那么多的路，成人的经验比孩子丰富得多，我干涉孩子是为了让孩子少走弯路。持这样观点的家长我们不能说其有错，但是不能因为自己吃的盐多就阻碍孩子去吃盐，自己走过的弯路多，就剥夺孩子试错的机会。被过度干涉的孩子不但没有自由，还会没有自信，过度的干涉其实是在用家长的智慧否定孩子的探索精神、学习能力和孩子本身的智慧。如果我们希望孩子在离开我们之后能够自信地面对这个世界，就要允许孩子犯错和试错，这是对孩子的爱。

第四，缺乏信任。父母对孩子的不信任是通过自己的诸多行为体现出来的。父母不相信孩子有某个能力，导致孩子在这种不相信中逐渐变得不自信，从"本来可以"变成"真不行""真做不到"。父母在爱孩子的过程中会无意地用言行传达出这种不信任。

比如，孩子想帮忙的时候，家长说："你太小，你不会"；孩子爬滑梯时，父母张开手臂时刻准备保护。父母对孩子的不信任对孩子来说就是一种催眠，久而久之孩子真的就相信了自己什么都不会。为人父母，学不会放手，这样的爱，不是真的爱。放手，要从信任孩子开始。

当然，在孩子试着去体验和成长的过程中，一定会有一些在父母眼里认为是不太好或比较担心的事发生，比如，孩子由于太小端碗拿杯子会有摔碎的可能，孩子自己滑滑梯会有磕碰的状况发生等。对此父母大可不必忧心焦虑，没有试错何来成长？不放手让孩子去试，孩子又如何从错误中或自己的实践中得到经验，从而避免下次再发生类似的事呢？当我们能够时时觉察，尽量去做让孩子喜欢的行为，也像孩子一样去试错然后学习成长，一样可以成为孩子喜欢的父母，成为具备爱的能力的父母。好父母未必是天生的，爱的能力是可以不断提升的。

爱是客观鼓励，不是单纯赞美

相对孩子不喜欢的父母言行，一定有孩子喜欢的言行，比如父母给孩子积极、正面的评价，孩子往往非常受用并乐于接受。教育界有句话说：好孩子是夸出来的。所以，给予孩子肯定是非常必需的，而如何夸孩子也着实考验父母爱的能力。

正面评价分为鼓励和赞美，"宝贝，你真棒！"这是赞美，不过还是显得比较空泛，实际上只能博得孩子几次的欢喜，并无多大作用。大多数家长只会赞美却不会鼓励，赞美和鼓励都是对孩子的正面肯定，但是二者有实际上的区别。

比如，孩子自己穿好了衣服。赞美的妈妈说：你可以自己把衣服穿好了，宝贝真棒！鼓励的妈妈说：我看到了你穿好了上衣、裤子和袜子，你是不是也感到很开心？

又比如，孩子画了一幅画。赞美的妈妈会对孩子说：你画得真棒，妈妈觉得好骄傲！鼓励的妈妈会说：这幅画一看你就用心了，线条很流畅，色彩也进步了很多，你自己是不是很满意，感到很骄傲呢？虽然区别细微，却能改变孩子的观念。前者赞美，孩子听过后只能获得短暂的愉悦感，就像糖果，吃太多就会让人起腻，对身体还有害；而鼓励，孩子知道做事用心才可以做得很好，下次做事就会更加用心，这就像维生素，为成长提供营养。

美国教育专家艾尔菲·科恩认为，家长的赞美和表扬其实怀有一个目的：改变孩子的行为。说白了，赞美就是一种控制手段——你让我开心，我就表扬你。赞美相当于训练条件反射，让孩子明白：只有达到大人的标准，我才是好孩子，才能获得大人的关注和认可。

赞美和鼓励所输出的信号不同，父母赞美的时候，所说的是："孩子很乖、很听话，做得很好。"焦点是父母很高兴，原因是孩子照着他们的话去做了。有的孩子对于这种要求和期望，有喘不过气来的压迫感。鼓励所传达的信息是："最重要的是，你自己觉得是不是用心去做了。"

所以，爱孩子就要学会如何去积极评价孩子。先说赞美，父母要明白不是不能赞美孩子，而是要真实且不能滥用。首先，赞美不能夸大其词。比如，当孩子画了一幅很漂亮的画后，你要认真地欣赏，然后发出由衷的感叹，但不要说"你画的比其他小朋友都好"这样的话。因为一旦孩子进入竞争环境，在有了相互比较后，发现有小朋友比他画得好，会使他对自己的能力产生怀疑，同时给自己添加不必要的压力。

其次，要就事论事。说"你口算很棒"比说"你真聪明"更有效。因为这样孩子才能在这个具体的事情上增强信心，激发他做这件事情的兴趣。如果只是一句干巴巴的"你真聪明"，虽然能够让他感受到这是对他的肯定，但并不能转化成自信，有时候处理不好还会成为孩子"自负"的根源。

再说一下如何鼓励孩子。鼓励可以时时处处对孩子表示，因为鼓励是一种提醒，比如很久以前他的一次成功你也可以拿出来说，帮他对抗现在的沮丧心情。

鼓励的过程其实是一个分析的过程，这个过程中，所举的例子越具体越好。比如，希望通过回想孩子原先的一次成功经历来鼓励孩子度过现在的难关，那就要让他回想当初他为了做成那件事情付出了多少努力，让他体会当时的感受，这些回想和体会会让他对自己产生信心——既然以前的我能做得那么好，现在的我会做得更好。

多鼓励，少赞美；多描述，少评价，可以避免孩子被表扬和赞美绑架，或输不起，为达目的而不择手段。真正被鼓励长大的孩子，内在会有一股力量，促使他能不断通过自己的努力去获得更好的结果，而不是为了迎合别人或时刻期待别人的赞美和表扬。

不要总看到"别人家的孩子"

有一个网络段子是这样写的：

茫茫宇宙中，有一种神奇的生物。这种生物不玩游戏、不偷懒，天天就知道学习，回回年级第一。这种生物可以九门功课同步学，妈妈再也不用担心他的学习，这种生物叫做别人家的孩子……

这种生物考清华，望北大，能考硕士、博士、圣斗士，还能升级黄金、白金和水晶级，他不看星座、不看漫画……这种生物琴棋书画样样精通，甚至会刀枪剑戟斧钺钩叉，而我们只会吃喝拉撒；这种生物长得好看，写字好看，成绩单也好看，就连他的手指甲都是双眼皮的……这种生物每天只花10块钱都觉得奢侈浪费。优秀的别人家的孩子啊，请不要让我妈认识你！

看到这个段子的大人一定会笑，笑过之后做何感想呢？是不是作为家长的我们总在有意无意地说过"别人家的孩子"呢？或者眼里只看到"别人家的孩子"呢？

当我们不停地拿自己的孩子和别人的孩子去比较的时候，我们可能在无意中传达一个信息给自己的孩子：你并不是我理想中的孩子。当孩子接收到这样的信息之后，除了产生自卑感之外，有可能在心底暗生对抗，会觉得"你还不是我理想中的父母呢"。

眼里只看到"别人家的孩子"的父母忽略了一个最简单的事实，别人家的孩子都不是天生的。父母在用自己的眼光看别人家的孩子，用嘴"伤害和打击"自家孩子的时候，往往没有想过，自己是不是别人家孩子的父母呢？如果父母认识不到这种精神上对孩子的摧残，一定会给孩子留下深深的伤害。他会有无力感，会自卑，甚至没主见。因为，父母总给他一个参照物，别人家孩子的那种好才是好，而自己在父母眼里是四不像。如果自卑感和无力感在他心灵上留下重创之后，每击一掌，他就感到自己是个"无用的人"，陷入"自我无价值感"的深渊，产生对什么都不感兴趣、破罐子破摔的心理。

过度地去比较，往往是父母对孩子缺乏信心的表现，而在比较的过程中，孩子独特的地方也往往被忽视、漠视，这样会让孩子觉得你们其实并不够爱我。这个道理如果我们换一个例子来说就变得非常容易理解了。比如，夫妻二人，如果另一半总是拿妻子或丈夫跟别人比，"你为什么就不像谁家孩子的妈妈那样能干呢？""你看谁谁家孩子他爸，说话可温和呢。"那我们听到的感受又是什么呢？

我们感觉对方更爱别人的太太或先生，在这种受挫的情况下，大部分人不会变得更像对方想象中的那个更美好的版本，反而会变成更顽固、更自私、更好斗，更愿意去指责和抱怨，显得更不可理喻。因为既然你不爱我，我为什么还要为你付出那么多呢？不光大人如此，孩子也是一样，所以，如果我们真的爱孩子，就要去发现孩子的独特之处，而不要拿他和别人去比较，毕竟每一个孩子都是独一无二的。

把自己的孩子与别人相比，特别是用自己孩子的不足之处与别人的优点相比，这种做法有百害而无一利。

每个孩子都像沧海里的贝壳，各有个性，没有绝对相同。但谁都不能肯定哪个贝壳里没有璀璨的珍珠。因此"人与人相比"毫无意义可言，希望父母不要做这种比较。对孩子的缺点，不去谈论或指责，这是上策。当你承认它是理所当然的，是正常的事情时，孩子感到这是受到了表扬，效果反而更好。

无条件：接纳是全心全意去爱

爱是要感受孩子的感受

经常听到不少家长说："不知道孩子心里是怎么想的""跟孩子平时要聊点什么才好呢……"在很多家庭中，父母与孩子之间也经常因为一些小事情、小问题起矛盾。其实，造成这些问题的大部分原因是父母忽略了去感受孩子的感受。爱就是要能够去用心感受孩子的感受。

比如，3~6岁的孩子遇到挫折或不舒服，最直接的表达方式就是哭，但每个孩子哭都有各种不同的原因，或是缺乏安全感，或者是因为希望得到关注，总之他们不会无缘无故地哭，所以需要父母用心去感受和理解孩子的需要，只要心平气和地感受他们的感受，用心与他们交流，会很容易帮助他们解决问题。

在孩子们的小世界里面，容不下不开心的事，他们需要发泄，我们要包容他们发泄时用的各种方式。我们要抱抱他们，给他们安全感，再试着解读他们的世界，开导他们，使他们快乐起来。孩子们也会因此而爱我们，会主动亲我们，而且带着满脸的幸福……

那么，怎样做才是理解孩子的感受呢？

常见的场景比如：

孩子被烫到了说："我烫到手指了，妈妈！我烫到手指了，真的好痛！"

并大哭起来。这时，妈妈说："哪有那么严重啊？"孩子说："我真的很痛啊。"妈妈继续说："一会就好了，别跟小孩似的老哭。"孩子继续哭。妈妈说："你是男子汉，怎么动不动就哭鼻子。轻微烫了一下，能有多痛，真是娇气……"

在这个例子中，我们会发现，孩子努力地向妈妈传达他的感受很糟糕，但是妈妈却在不断否定这种感受，并且用言语强调甚至是打击，"哪有那么疼啊，一会儿就好了，别跟小孩似的，真娇气"传达给孩子一种"你是男生不要娇气，不该哭"的信息。

相信那一刻，孩子内心会更痛，比手指还痛。因为他的感受并没有得到妈妈的回应和接纳。同样的场景，如果妈妈能够真切感受到孩子的心情，又会怎样呢？

（孩子烫到手指了，哭着说好痛。）妈妈如果说："哇，看起来真的很痛，是不是痛死了。"并且及时给孩子吹吹，孩子会立刻缓解。如果妈妈再说："感觉烫得很严重啊，这么疼！我们赶紧处理一下，先用凉水冲冲，然后再上点药。"

想必，无论多痛的孩子，此刻也会因为妈妈的关注与设身处地去为自己着想而使疼痛缓解。在这个过程中，妈妈只是顺势而为，回应了孩子的感受，孩子则从"疼痛"的感受层面自动进入了理性层面，在妈妈同理心的回应下，理智会战胜情感。

家长和孩子就像两个容器，孩子是小烧杯，父母是大烧杯，当孩子烧杯中的情绪自己容纳不了的时候会第一时间倒给父母，而现实中却是父母把自己的烦恼一股脑儿地倒给孩子。如果不能用同理心去感受孩子，就会出现上面例子中前一种妈妈的回应方式，妈妈看到孩子哭自己会更加烦躁，就会把自己的烦躁又塞回给孩子，往往结果就是两个人的情绪更加激烈了。

父母与孩子相处的过程中会出现各种各样需要接纳孩子感受的事情。

比如，带孩子逛商场，孩子想要玩具，而父母各种讲道理加威胁最后在孩子"一哭二闹三撒泼"，父母"一哄二吓三沮丧"的状态下草草收场，导致大人孩子心情都糟透了。如果是能够站在孩子的立场上去感受孩子的当下心理，事情往往会变得容易很多。

如果家里有同款玩具，可以问问孩子"为什么想要这个玩具呢？给妈妈说说它和家里的玩具有什么不同呢？"父母和孩子一起分析买玩具这件事的时候，孩子得到了尊重，也会变得理性，大部分孩子并没有大人想的那么难缠。由于各种原因不能给孩子买玩具，也要理解孩子得不到玩具的难过心情。很多时候，孩子要的是被父母同理心对待，越是不被这样对待，越会通过无理取闹让大人下不来台。即便真有少数孩子因为不给买玩具躺在地上不起来，也是在考验父母爱的原则性，后面我们会讲到。

再如，孩子说讨厌幼儿园，讨厌某个小朋友，不想去上幼儿园或不想和某个小朋友成为朋友的时候，能够接纳孩子感受的父母会说："哦，我太理解你了。我在你这个年龄也不太喜欢上幼儿园。你能告诉妈妈为什么吗？"同样，当孩子说他讨厌某个小朋友的时候，首先接纳孩子的感受，"某个小朋友肯定是惹你不开心了，是吗？"得到孩子肯定答复后，可以继续说："可以给爸妈讲讲，这个小朋友究竟做了什么让你生气呢？"

在这样的问话中，只是显示了父母的一次回应，对于孩子的感受往往需要很多次的回应，这有点像我们成年人听自己的好朋友吐槽的时候，我们会发现吐槽本身是有疗愈效果的，当他说完不开心，我们说：哇，他这样对你，你一定很难过吧，他说：可不是吗？别提我多难过了，然后我们就会继续说：噢，他这样做，你很生气吧？他说：对！我太生气了，你太懂我了！

实际上，同理心是一种感觉，就是让对方觉得你懂了他，而懂得是沟通建立关系的基础，也是爱的重要表现。因为一个不懂我们的人，我们怎么会觉得他爱我们呢，如果爱也爱不到点上，对吗？所以希望大家都能够用好同理心，成为孩子的知心人，去感受孩子的感受。

孩子被接纳了，情绪才能改变

要问父母，养育孩子的过程中，什么最让父母不能忍受？我猜想，一定是孩子的哭闹、情绪和坏脾气。孩子闹情绪轻则让父母烦躁，重则让父母疲惫不堪。

三岁之前，父母还能对孩子有足够的耐心，比如孩子初学说话时，父母能够不厌其烦一遍遍帮助孩子纠正发音，学走路时，能够一次又一次鼓励孩子重来。三岁至六岁之间，属于"熊孩子"期，孩子的自主意识提高，与父母对抗的频率明显提升。而遇到孩子哭闹耍脾气，父母一般很少能一遍又一遍安抚，更做不到无条件接纳，甚至有的父母，听到孩子的哭声就烦躁，更不能允许孩子发火或发暴脾气。

当孩子因为糟糕的情绪哭闹时，父母常见的反应：

用制止处理，对孩子说："不许哭！不要哭！别哭了！"
用反感处理，对孩子说："哭什么哭？哎哟，哭得烦死了！"
用否定处理，对孩子说："这么点小事有什么大不了的？有什么好哭的？"
用埋怨处理，对孩子说："就知道哭，哭有什么用！"

用威胁处理，对孩子说："你再哭，妈妈就不喜欢你了！"
用冷漠处理，对孩子说："要哭你回房间一个人哭去，哭完了再出来。"
用伤自尊处理，对孩子说："叫你别哭你还哭？这么娇气，一点出息都没有！"

这些处理方式司空见惯脱口而出，而这些都不是接纳的表现，而且更谈不上"无条件"。

事实上，孩子跟成人一样，在成长的过程中习得很多情绪，有自带的，也有别人带给他的。孩子很多时候会有激动、失望、愤怒或委屈悲伤，而这些负面情绪孩子表现出来的就是哭和发脾气。

情绪并没有对错，我们常常把情绪划分成"正面"或者"负面"，只是代表情绪带给我们的感受，是舒服或者不舒服。不舒服的负面情绪，会提醒孩子什么事情需要改变，这样他才有机会去学习应对和处理的方式，学着改变自己的想法，改变目前的状态。这也给父母们提了个醒，情绪没有对错，那么如何对待和处理情绪才显得重要。只有孩子被接纳了，情绪才能改变。

我们看一个例子：

经常加班晚回没时间陪儿子的父亲回到家，看到儿子不开心，也不太想跟自己说话，于是就说："你怎么了？这么大没礼貌，爸爸回来也不打个招呼。"孩子看了父亲一眼，气鼓鼓地说："你天天不陪我，就知道工作。"父亲听儿子这样说，上了一天班比较累，心情也不好，于是说话更不好听了："你有什么好生气的，我累死累活挣钱，还不是为了你，给你买玩具，供你吃穿用，你还有理了？"孩子终于绷不住了，一边掉眼泪一边控诉："你每天都不陪我，就知道骂我。"

在这一段对话中我们发现，儿子的负面情绪是表达了对父亲陪伴的渴望，但是爸爸不但没有接纳孩子的情绪，反而觉得孩子是在"无理取闹"，还讲道理"我不工作谁来给你买玩具呢"来回应儿子，孩子一定会满心失望。

同样的情境如果爸爸能够接纳孩子的情绪，就会用另外一种的方式去回应。比如爸爸觉察到孩子不开心，应该问："我觉得你好像不开心，能跟爸爸聊聊吗？"孩子如果说"你总是工作不陪我玩儿"，爸爸要说："爸爸工作太忙忽略了你，谢谢你告诉我。现在我知道了，你想从幼儿园回来的时候就能看到我，让我陪你玩儿。"之后儿子会说："嗯，那我给你看看我今天拼的乐高玩具吧。"

其实，说到最后孩子可能并不需要父亲陪自己玩，他只是希望展示一下自己的劳动成果、自己的杰作，可是在前一种回应方式中，爸爸讲完道理，孩子已经失去继续对话的愿望和兴趣了，甚至会更加委屈。所以有的时候关注孩子的感受、富于同理心的回应，可能仅仅只是一句话的问题，事情就会有改变，沟通也会出现转机。

当我们能够去接纳孩子的感受的时候，意味着我们和孩子一起成长，如果我们不能接纳孩子的感受，爱的功课可能就已经失败了一半。

孩子哭闹、发脾气，情绪不好，都不是什么可怕的事情，最大的问题在于：家长不允许孩子有情绪，从心底里讨厌孩子哭，故而采取了一些错误的方式去对待，比如粗暴地制止、恐吓、威胁，结果有可能导致你要花费更多的时间、精力去应付。

所以，别着急，请先让孩子把不满的情绪通过泪水安全地释放出去，缓一缓，先处理情绪，再处理实际问题。

父母好好说话很重要

好好说话，是父母的一堂必修课。大多数人都觉得，孩子小，什么都不懂。其实不然，孩子对父母的一言一行都很敏感。孩子大概在 1 岁之后就能分辨大人的语气，很多父母把握不好说话语气的分寸，话到嘴边却变了味，最后伤害了孩子却不自知。

人们常说，"说出去的话如同泼出去的水"。周国平也说过，爱孩子是一种本能，尊重孩子是一种教养，而好好说话是尊重孩子的基础。父母如何对孩子说话是一门大学问，因为说出去的话很难收回，而接收到父母语言的孩子已经受到了影响。语言给人造成的伤害可能比身体的伤害更严重，有些负面的语言我们一旦说出去了，孩子每次想起来都会受到同样的伤害。

孩子说跟别人有了矛盾，你不分青红皂白，就先把孩子批评一通，认为孩子给自己找麻烦。

孩子分享一个好玩儿又夸张的事例，你会对孩子说："你又瞎说呢吧。"

孩子说自己长大可以当航天飞行员，你会说孩子："你真能吹牛。"

孩子想参与大人的话题，你会说："小孩子不懂事，瞎掺和什么？"

看到别人家的孩子比自己孩子表现好，你会说："别人咋那么优秀，你为什么不行呢？"

孩子认真地说出一件事，你有可能反问一句："真的，假的？"

以上这些都是父母不会好好说话的表现。生活中少不了鸡毛蒜皮的事，孩子属于独立的个体，当父母用负面的甚至是刺激性的语言指向自己的孩子时，小事可能升级成大事。在大多数父母眼中，孩子永远是不懂事的，需要自己引导。这是把孩子当做了一个附属品，而不是需要被尊重的个体。父母们用"打压式教育"在孩子面前树立权威，用粗暴的语言达到自己的目的，对孩子造成了伤害却浑然不觉。不会好好说话的家庭，孩子的幸福感会很低。

有些父母好像从来不会赞美孩子，他们觉得那样会让孩子骄傲，只有时刻鞭策他，他才能不断进步。殊不知，父母看似不经意的一句话，却像一把利剑，深深刺在孩子脆弱幼小的心上。除了不会夸赞之外，还有更严重的问题，父母用语言暴力伤害孩子，比如："你就这样没出息吗？""你太笨了，猪脑子吗？""怎么养了你这么一个东西！""你给我滚一边去！""再哭狼就来了！""再淘气让警察把你抓走！""你除了吃，还会什么？""你就是个废物！""你怎么什么事都做不好？！"生活中类似的话太多了，我们作为父母，有没有审视过自己，说完这些话自己痛快了，但给孩子带来了什么呢？

伤人的话语，会将孩子的自尊心、自信心、生存的价值渐渐毁灭。等他将来长大成人，性格、社交能力、心理都会受到巨大的影响。会说话的父母不但能塑造孩子的好性格和强大的社交能力，还能应对日常孩子的"不听话"。

比如，两个孩子在客厅里玩泡沫模型飞机，父母为了躲避横冲直撞的飞机左躲右闪，爸爸见状便呵斥孩子："别玩儿了，快把飞机收起来，没有眼力见儿，客厅又不是游乐场。"两个孩子像没听到一样，还是自顾自地比赛谁的飞机飞得更高。"给你们5分钟时间，再不把飞机收起来我就生气了！"爸爸继续吼道，两个孩子停顿了两秒后，又笑哈哈地继续飞机比赛了。妈妈看着爸爸呵斥不起作用，故意做出怕怕的样子说："哎呀，哥哥的飞机怎么飞那么高啊！但是飞机在头上飞来飞去的，妈妈好怕啊，生怕撞头上很疼呀，我们先不飞了好吗，带弟弟去玩别的可以吗？"

两个孩子听到妈妈说怕飞机在头上飞，便乖乖地说："妈妈胆子好小，我们去玩别的吧！"看着两个孩子跑去隔间玩积木，妈妈调皮地对爸爸笑了笑说："孩子为什么是孩子，因为他们跟我们大人不一样，跟他们说话要更加讲究技巧。"

妈妈在说话上就非常有方法，父母好好说话就是尊重孩子的感受，好好说话就是温柔地对孩子。好好说话，是父母给孩子的一件穿越童年岁月的生命礼物，也是孩子能够感受到的父母对自己最直接的爱。

不随便给孩子"贴标签"

在家庭教育中，给孩子"贴标签"的现象随处可见。比如妈妈无意中跟其他妈妈说自己的孩子"我家孩子特别挑食！""孩子性格太内向了！""孩子特别不喜欢阅读。""孩子比较敏感、怕羞。"这些都是在无形中给孩子贴了一个标签，而且这种标签多数是负面的。有的父母即便当着孩子的面也毫无顾忌地说一些中伤孩子的话。

"我家老二真是让人头疼，老大就让我很放心。"
"这孩子太能顶嘴了，不知道跟谁学的。"
"你简直就是个破坏王，什么玩具都能玩坏！"
"你怎么就是不爱学习呢？"
"我女儿就是爱臭美，爱穿漂亮衣服。"
"我家孩子特别小气，自己的东西看得特别紧。"

殊不知，父母无心的一句话，就给孩子贴了标签、扣了帽子。

美国心理学家贝科尔说，人一旦被贴上某种标签，就会成为标签所标定的人。标签会像个魔咒一样跟随着孩子，成人给孩子贴标签，就相当于对他进行了角色塑造，他们按照父母标签设定的角色去表演，演着演着，孩子真的会朝那个方向去发展，哪怕他原本并不是那个样子。被说成"书呆子"的孩子，可能原本想做一个体育运动员；被贴上"好动"标签的孩子，也许接受了心理暗示，放弃了尝试安安静静拉大提琴的音乐家之路。

所以，无条件的接纳是不随便给孩子贴标签、扣帽子，相信每个孩子都有它独特的价值，把孩子的问题行为和孩子本身的价值区分开才是对孩子的爱。

心理学家认为，孩子的自信，对自己作为一个人的价值的肯定，从根本上讲是来自父母无条件的爱。孩子如果被允许、接纳犯错误，并且有机会修正错误，内心就会植入力量，面对问题也就越来越主动和自信！

什么是无条件的爱？当孩子来到这个世界上，美国的父母会对孩子说：宝宝，无论你以后是健康还是病弱、聪明还是愚笨、听话还是捣蛋、漂亮还是丑陋、学习成绩好还是差，爸爸妈妈都会永远爱你，养育你直至你成为独立自主的人。这就是无条件的爱。仅仅因为你是我的孩子，所以我爱你，和你是个什么样的孩子无关。

他们爱孩子，尽情地享受孩子的成长过程，享受孩子给自己带来的快乐，用尊重、鼓励、欣赏、信任的态度对待孩子。有父母的爱在后面支撑，孩子在外面不管遇到了什么，都无所畏惧："我爸妈爱我，肯定我。"他心里非常踏实，知道自己拥有取之不尽的力量，可以面对整个世界。

而父母给孩子贴标签就是一种附加条件的爱，或者是无意识下犯的错误。你贴了一个标签，说明你在意孩子的不完美，也就是父母对于孩子的爱并不是无条件的，你更喜欢完美无缺的孩子。

不贴负面标签是父母必须做到的，更大的智慧是"偷偷"夸奖孩子，鼓励孩子的良好行为，尤其在别人的面前表扬孩子会使激励效果大大增加，所以不妨试试贴个正面的标签吧。比如，常常夸孩子"爱阅读""学习特别有毅力""做事从不拖拉""特别让家长省心"……如此一来，孩子就会在父母积极的暗示下越变越好，成为父母期望的样子。

爱的稳定性和及时性

经过对孩子的大量观察和了解，我们发现：0~6岁的孩子对父母的依恋会表现出不同的状态。要么十分黏人，恨不得变成妈妈的小尾巴寸步不离，只要妈妈不在视线内就会哭闹不停；要么表现得比较有距离感，父母在不在视线中并不会对孩子产生什么影响，孩子与父母之间的感情比较陌生。后者常见于隔代抚养的家庭。

之所以会有不同的状态出现，与父母和孩子之间爱的互动有关。如果父母给予孩子的爱是及时且稳定的，那么孩子表现出来对父母的依恋关系是一个状态，如果父母给予孩子的爱是不稳定且不及时的，孩子就会表现出另一种状态。

关于爱的依恋关系，美国心理学家哈洛做过一个实验。

他把刚出生不久的小猴子放进一个隔离的笼子中养育，用两只假的母猴来代替它们的妈妈。这两只母猴分别是用铁丝和绒布做的。实验者在铁丝母猴的胸前特别放了一个可以提供奶水的橡胶乳头，另外一个绒布的母亲并不能喂养小猴子奶水，但是一个奇怪的现象发生了，除了在饥饿的时候，小猴子会去找铁丝母猴喝几口奶水，更多的时候都是紧紧地搂着绒布母猴，特别是在小猴子遇到危险和不熟悉的情况的时候，它会马上跑到绒布母猴身边，并紧紧抱住它，似乎绒布母猴能给小猴子更多安全感。这位心理学家还进行了后续的实验。所有的实验都说明一个问题，那就是在小猴子的成长过程中，仅仅给予食物和安全是远远不够的，小猴子还需要和自己的母亲互动，比如触摸、运动和玩耍这样的互动，这样才能让它在成长的过程中充分获得安全感和健康的依恋关系。

为了研究孩子与母亲的依恋关系，科学家也做过一些实验，比如把孩子和母亲放在一个陌生的环境中，然后母亲离开孩子留下。过了一会儿，母亲再回来，通过观察孩子在母亲离开以及再回来时候的表现，可以看到不同的孩子、不同的依恋类型，他们的表现也会不同。

第一种，安全型依恋关系。这样的孩子在母亲离开、单独留在陌生环境的时候，会焦虑甚至哭泣，但过一阵子，孩子会慢慢地安静下来，当母亲回来的时候，孩子会张开双手，非常期待被母亲拥抱。当母亲给孩子拥抱的时候，他就能够满足地在母亲的怀抱中安静下来，之后他会再度去探索属于自己的玩具世界。在安全型依恋关系中，孩子很有安全感，敢于探索，在情绪上更容易表现出快乐。这样的孩子内心对养育者的理解是我相信自己的需要会被满足的，所以当母亲暂时离开后，他们虽然表现出了焦虑紧张，甚至哭泣，但是当母亲回来之后，他们很快接受了母亲的安慰，而且随着孩子逐渐成长，他们会把这种和主要照管者的安全性依恋关系内化到自己的心中。

第二种，逃避型依恋关系。这一类孩子在母亲离开的时候表面上好像没什么反应，当研究人员在孩子身上装了生理反馈测试仪之后，发现这些表面上若无其事的孩子，内心的焦虑程度可能比那些表现出焦虑甚至哭泣的安全性依恋关系的孩子还严重，只是他们很小就学会了压抑、否定和隐藏自己的痛苦情绪。当他们的母亲回来的时候，也并不像安全型依恋关系的孩子会迎向母亲，他们不伸手要母亲抱，也不期望母亲抱他们。这样的孩子可能看上去很乖，比如说妈妈走的时候自己头也不回，或者去幼儿园的时候也不哭，实际原因是他并没有和母亲之间建立深刻的依恋关系，所以他们内心的潜台词可能是：不管我怎么要求，妈妈都不会理我的，从而出现了所谓的习得性无助。这些孩子可能在之前提出情感要求的过程中因为不断受挫，所以逐渐相信，自己的需要无论如何都不会被满足的，从而选择了内心封闭。这样的孩子在成长过程中可能不太容易交到朋友，因为他们内心既不信任别人，也觉得别人无法满足他们，发展到成人阶段，他们不太会跟别人表露自己的情感需要，通常让别人觉得很难接近，甚至经常让对方觉得他们爱自己胜过爱对方。

第三种，焦虑型依恋关系。这样的孩子会在母亲离开的时候放声大哭，赶紧扔下手边的玩具，紧紧追着母亲。母亲离开之后，他们根本无法安静地玩玩具，也无心玩乐，母亲回来的时候他们会马上跑过去，一边要妈妈抱，一边又会抱着"你刚才为什么抛下我"的怨气踢打母亲。被母亲抱在怀中的时候也很难被安慰好，就算过了好一段时间终于安静下来之后，他们也不能再继续专注放心地玩了，他们会一直盯着自己的妈妈，生怕什么时候妈妈又走了。

这样的孩子可能在小时候妈妈离开的时候反应特别大，哭得好像天要塌了一样，或者说在去幼儿园的时候，父母也会发现这样的孩子很难安抚，半天都安静不下来。这样的孩子有一个核心信念，就是我不知道我的需求能否被满足，所以即使妈妈回来了，我的内心依然充满了严重的不安全感，这样的孩子长大之后有可能在恋爱的时候会爱得很辛苦，他们有超强的占有欲，而这样的占有欲不仅让他们自己难过，还会把对方赶走，而且也很容易受对方情绪的左右。

第四种，混乱型依恋关系。这种类型的孩子当母亲离开的时候会惊慌失措，但又不像逃避型的孩子那样一点反应都没有，也不像焦虑型的紧紧追在妈妈的后面。他们没有什么应对策略，追或不追比较茫然。当母亲离开的时候，他们无心探索玩具世界，母亲回来的时候也不知道该怎么和母亲互动，是该亲近还是该逃避。他们好想伸开手要妈妈抱，但双脚却不由自主地往后退，这种反应没多久，他们可能就会表现出回避型或者焦虑型孩子的样子。之所以以混乱的状态出现，原因就是母亲同时是快乐和痛苦的来源。不接近吧自己会觉得孤单焦虑不安全，一接近又怕受伤害，心中既渴望母亲的关怀，又想到母亲也许会给自己带来很大的伤害，于是这就变成了一个两难的选择题。这样的孩子内心充满了矛盾，他们根本不知道自己内心的情感需要怎样才能满足，这些孩子长大之后可能会非常没有自信，在亲密关系中不是逃避就是攻击。

不同的依恋关系对孩子一生的影响也不同。那么如何才能让孩子和我们形成健康安全的依恋关系呢？这就涉及了爱的能力中非常重要的两点：**稳定性与及时性**。

爱的稳定性是指作为家长对孩子的态度和行为在大部分时间内都能保持一致稳定。比如在跟孩子相处的时候不会因为自己情绪不好就对孩子冷言冷语，甚至是恶言斥责。这就好像我们在上文提到的小猴子的实验。如果用这个实验做比喻的话，有的家长就是上一秒是温暖的绒布猴子，而下一秒就是冷冰冰的铁丝猴子，这会让孩子感到无所适从。在这样不稳定的环境中，孩子很难和我们建立安全的依恋关系，缺乏稳定性的爱会给孩子带来伤害。

除了保持稳定性，及时地回应孩子的情感需要也非常重要，如果家长对孩子的需求不敏感，不能及时对孩子的情感需要一一回应，孩子可能就会与父母之间产生陌生感与疏离感，当父母不能及时回应自己的情感需要时，有的孩子会选择压抑自己的情感，父母离开也不会表现得过分不舍或哭闹，大人以为这样的孩子是乖孩子，实际是孩子压抑了天性。所以，当家长对孩子的情感需要不敏感的时候，孩子就会觉得自己被忽视，慢慢地不仅不再有表达情绪的愿望，看上去也没有那么多活力，甚至会发展出很多问题行为来引起家长的关注。

在安全型依恋关系中，父母在爱的及时性和稳定性方面都有很好的表现，于是孩子和家长更容易形成安全的依恋关系。在回避型依恋关系中，父母在孩子眼中往往是不亲近不投入，换句话说是非常遥远的，所以，与其大声喊没用，不如干脆选择保持沉默。在焦虑型依恋关系中，父母的稳定性往往很差，有时候重视，有时候忽视，父母的及时性也有问题，有时候很敏感很迅速地回应孩子的情感需要，有时又置之不理，而且经常前后不一，这个时候孩子就无法预期父母的行为，也不知道自己的需要是不是真的能被满足。而在混乱型依恋关系中，父母往往有极端的表现，爱也是很极端的，恨也是很极端的。所以，父母在孩子眼中既是他们渴望爱和关怀的对象，又是给他们带来最深恐惧和伤害的对象。比如父母有酗酒行为，不喝酒的时候是非常理想的爸爸妈妈，但是喝酒之后却让孩子饱受伤害，这种情况下就可能会产生混乱型的依恋关系。

依恋关系不仅会影响我们现在的亲子关系，也会影响孩子未来一生，包括他以后的亲密关系。所以，为了对孩子负责，为了给孩子一个更好的未来，父母需要给予孩子稳定和及时的爱。

同理心：站在孩子的立场看问题

父母对孩子要有觉察力

世上最无法把控的事情，就是在出生之前无法选择自己的命运和出身，没有人会征求一枚小小的受精卵是否想来到这个世界。所以，每一个孩子都是被动选择了自己的父母，无论好或坏，都得去面对和承受。这就值得我们家长思考，我们要孩子是主动的，孩子的到来是被动的，那么我们有义务去为孩子营造一个良好的生长环境，让他们无悔来当我们的孩子。

很多人觉得自己不适合做父母，对待孩子没耐心，既不能明确告诉孩子又不敢承认自己的无力感。在做父母这件事上，很多人都会产生不能胜任的感觉，只是有人选择自顾自地野蛮式成长，不敢或不去承认自己需要学习和提升，而另外一些父母则主动选择与孩子共同成长，带着觉察的心去了解自己、关照孩子。

我们经常说，养育孩子的过程就是和孩子一起成长，不光意味着和孩子一起探索世界、探索未知，更重要的是孩子也是父母的镜子。在我们和孩子互动的过程中，我们观察到孩子的很多行为和反应，不光说明了孩子的特质，也说明了我们是什么样的人，所以当我们拥有了更好的爱的能力，不仅是在和孩子的相处中，其实在生活的很多方面、很多关系的处理中，我们可能都会有所成长。当我们成为更好的自己，抚育孩子就成了一件天然的奖赏，所有的努力不仅是为了孩子，也是为了督促我们能够成为更好的自己。

成为更好的父母首先要有觉察力。所谓觉察力就是知道自己在做什么，在如何对待孩子，说的是什么样的话，以什么样的方式在说话，其实很多的父母输在了缺乏觉察力上，他们并不知道自己在如何和孩子相处，只是觉得自己是对的，这是自己所知道的唯一的方式，甚至这是他们从自己父母那里潜移默化、身教胜于言传所学会的模式。而这些模式是不是正在发挥破坏力或者是不是毫无作用他们并无觉知，他们对孩子的反应也并不能细细体察。这个时候家长在孩子的眼中就成了固执、一意孤行、用自己的方式去爱的父母，而这样的父母往往让亲子关系变得两败俱伤。

当我们成长起来的时候，反观当初父母对我们的教育方式，会有费解和"不可理喻"的感觉，有时候我们向父母说什么，告诉他们自己有多痛、多压抑、多愤怒，而父母并不认为自己是错的。加上社会约定俗成的"父母为大，无理也可让三分"，导致多数父母认为自己的教育方式无可挑剔，哪怕是错误的。

没有觉察力的父母会让孩子由失望到绝望，最后选择封闭自己的心，最终会和父母的心理距离越来越远，有了心事不再告诉父母。孩子的内心会想：我告诉你一万遍你这样说我觉得很受伤，可是你为什么就不知道我为什么受伤呢？你为什么就看不到我眼里的泪水呢？越是缺乏觉察力的人，在和别人相处的时候就越难换位思考去理解别人的内心，也完全不知道自己正在用什么样的方式错误地对待对方。

其次，有了觉察力之外还要有改变的意愿。多数父母知道错了，这是一个进步，但遗憾的是知错不改。

家长课上有位父亲说，他脾气不太好，经常向儿子发火。可见这是一位具备觉察力的父亲，知道自己的短板，但他却说自己怎么也改不了。老师问他，假如在公司你敢跟自己的上司发火吗？他坦言不敢，即使真的想发火也得忍着。说到这里，老师发现了问题的根源：这位父亲向儿子发火不是改不了，是不愿改。既然能在自己上司面前忍得住，在儿子面前为什么就忍不住呢？是因为上司有权力，而孩子处于弱势。

改变是一种自觉自愿的行动，父母如果有觉察力，发现了自己的问题，然后再去改变，才能形成正向的成长循环。不光对自己有效，对孩子也能起到示范和榜样作用，父母有错能改，孩子也会变得不那么固执。

做父母的过程很孤单，孩子是独一无二的，孩子的成长路径和发展路径也是独一无二的，我们经常不知道该如何处理，这个时候大多数人都是摸着石头过河，觉察力就显得非常重要了。当我们在做尝试的时候，我们这样做对不对？孩子的反应如何？孩子的反应决定了我们下一步该如何去纠正或者调整自己，这就涉及改变的意愿和主动的行动。行动之后是否妥当，还需要通过觉察来不断观察和确认。所以，父母有了觉察力才能产生同理心，与孩子产生共情。

孩子的行为来自心情

我们曾向父母做过调查，作为父母什么时候会表现得更有耐心、更宽容、更愿意倾听，同时能够给孩子更多的鼓励和赞美？父母都有一个共同的答案：那就是在自己心情好的时候，会对孩子更有耐心、更愿意倾听，同时也更愿意给予孩子鼓励和赞美。同理，孩子如果心情好的时候，他们同样会有更好的行为表现，因为人性都是相通的。

作为父母，我们在心情好的时候会成为更好版本的父母，作为孩子，其实也是一样，但更多的时候我们忽略了这一点。

当我们心情好的时候，可接受的行为就变多了。孩子有时候有一点点出圈的地方，我们也愿意接受，有时候会选择视而不见，相应地不可接受的行为就变少了。但是当我们自己心情不好的时候，我们会发现孩子不可接受的行为突然变多了，本来平时惹不到我们的一些事情，现在突然觉得怒不可遏，孩子也会觉得很奇怪，为什么昨天这样做没事儿，今天这样做就错了呢？

因为当我们的情绪状态变化的时候，我们的行为也会变化，孩子能敏锐地捕捉得到。既然如此，站在孩子的立场上换位思考一下，也是一样。

孩子的行为也和他们的心情有直接关系，或者说比大人的关系更直接，毕竟孩子没有成人复杂和后天的社会教化，包括所谓的规则意识，所以心情好往往就表现出好的行为，心情不好的时候行为就变得很糟糕。

当我们看到孩子行为的时候，不妨再进一步探究，究竟是怎样的情绪在推动这样的行为？父母想要改变孩子的行为，不能盲目，要看到行为是果，情绪才是因。只有从源头上找问题，才能从根本上去解决问题。对孩子来讲情绪是一个重要的推动力，所以如果我们想让孩子有好的行为，可以从情绪入手。但很多父母恰恰相反，往往用给孩子制造坏情绪的方式，比如说恐吓甚至体罚责骂的方式，让孩子的情绪变得很差，但他们同时希望孩子有好的行为，这个逻辑行不通，于是我们就会发现家长越来越气，孩子越来越不乖。

我们的大脑可以简单分成两部分：一部分是理智脑，一部分是情绪脑。情绪脑比理智脑在生物的进化中出现得更早，情绪脑和很多本能的反应有关系，比如恐惧会带来逃生的行为和反应。而理智是在漫长的进化过程中慢慢发展出来的，所以，情绪脑对理智脑的控制远远超过了理智对情绪的控制，这也是我们在成长和社会化过程中的一个重要任务，就是逐渐学会控制自己的行为符合社会规范、符合别人的期望。

鉴于情绪脑是如此强大,以至于当情绪变得激烈的时候,我们的理智脑会被情绪脑完全绑架。很多家长恰恰是在孩子情绪爆发的时候还在跟孩子讲道理,理智脑已经停止工作了,我们还在用理智的方式去对话,肯定没有效果。不仅如此,家长还会觉得这个孩子为什么这么不懂道理,于是变本加厉用各种方式斥责孩子,孩子的情绪爆发得更激烈,最终是以油扑火、两败俱伤。这也是为什么我们要在爱的能力中特别提出同理心,同理心可以让情绪得以疏解,也让理智开始工作。更重要的是,同理心可以让我们和孩子之间建立连接,而连接本身才是家长发挥影响力和沟通的前提。

那么,何为同理心呢?

同理心是指父母站在孩子的角度看问题,想象自己也是孩子,用孩子的心去感受他的内心世界,从他的处境来体察他的思想行为,体悟他的内心感受。

也就是说,我们和孩子相处的过程中,要更多地站在孩子的角度和立场上,体验孩子的情绪状态和需求,理解他们的感受。听上去很简单,但做起来并不容易。

比如父母经常喜欢讲大道理,并不尊重孩子的感受,甚至去否定孩子的情绪,这都是没有同理心的表现。因为成人和孩子一样,情绪很难立刻收住或被控制。父母要做的是接受和尊重情绪的存在,同时不让情绪导向更加有破坏力的行为。

如果一个家长完全没有同理心,不知道尊重和理解孩子的感受,孩子长大以后有可能也会觉得别人的感受无所谓,或者说也不懂得如何去换位思考。这样的危害非常大。因为在一个群居的人类社会,不懂尊重和理解别人感受的人有可能会受到别人的排斥,当他进入亲密关系的时候,他有可能不被大家喜欢、甚至无意中伤害别人，自己还不知道究竟发生了什么。换句话说，他有可能在很多人的眼里被贴上一个"低情商"的标签。

我们讲同理心，既能促进当下的亲子关系，更是为孩子的未来着想，如果家长能做好同理心的示范，孩子就会知道如何换位思考，当家长富于同理心的时候，很多孩子的问题行为也会出现改变。

同理心的"情"与"理"

听一位妈妈讲：自己不小心把孩子心爱的玻璃小刺猬打破了，跟孩子道了歉，还承诺马上买一个新的。可是孩子还是不依不饶，哭了一上午，还跟自己赌气。她抱怨说：养孩子真难，真想揍他一顿。还要妈妈怎么办？也道歉了，也承诺了要给买一个新的，不就行了吗？

很多类似的事件发生在父母与孩子之间，父母想当然地以为，东西破了坏了买一个不就好了？果真如此吗？换位思考一下，如果孩子把妈妈喜欢的耳环弄坏了，道个歉再准备买个新的，你的感受会如何？你会马上就能释怀吗？

很多父母只看到东西破了，买新的就好。可是孩子内心跟这个物品早就建立了联接。父母这样做，孩子不会领情，反而会更伤心。

所以，真正的同理心要厘清什么是"情"，什么是"理"。同理心是要重视孩子的情绪、感情、心情，不要总是跟孩子讲道理，他们更需要父母的理解。

在实际运用同理心时，要注意，重视"情"，则会说"你觉得"或"我和你觉得"，是以孩子为主，是让他感知和拥有自己的感觉，例如："妈妈听你被老师惩罚，你是不是觉得很伤心，心情沮丧？"或者"妈妈以前也经历过,那时候被老师训骂,伤心了一下午,玩具都不想玩儿,你的感觉是不是糟透了?"以"理"为主,则会说"我觉得",是以"我"为主,例如:"我觉得你淘气,被老师骂,好惨啊。"这其实还是父母主观的推理,将自己的感觉加在孩子身上。相比我们单方面靠推理说出孩子的感觉与想法,让孩子感知和表达自己的感觉与想法更好。同理心能让孩子更多感知自身的感受与情绪,有利于孩子管理自己的情绪与行为。

有同理心的父母,他们会注意观察孩子的情绪变化,懂得首先要给孩子抚慰,让她放松下来,"没事没事,不怕,妈妈在。"而且也懂得倾听,在适当的时机询问孩子事情的原委,表达自己的理解,最后从善意的角度给孩子积极的引导。

有个小男孩从幼儿园回到家后很不开心,还说不想再去幼儿园。妈妈没有急于说服孩子,而是张开双臂,把孩子轻轻搂在怀里,静静地听孩子倾诉,还不时地用手轻拍孩子的肩膀。孩子慢慢地诉说着,情绪也渐渐恢复平静。倾诉之后,孩子心情愉悦地笑着挣脱妈妈的怀抱,打开动画片看了起来,第二天早已忘记了昨天的不快。妈妈没说一句话,事情就解决了,那是因为孩子从妈妈温暖的怀抱、轻拍肩膀的慰藉中,感觉到妈妈的心与自己贴得那么近,这就是同理心。没有讲任何道理,只是用一种温暖的、让孩子能立刻感受到的爱传递给孩子一种对抗挫折的力量。

所以,同理心要求父母带着感情去体会孩子的情绪,而不要从主观感受上给孩子讲道理。

同理心能改变看问题的角度

孩子成长的过程就是一个不断试错的过程，孩子身上每天都会产生这样或那样的问题。面对孩子的问题，家长会有两种表现：一种是过于宽容，觉得孩子小，采取绝对民主的态度，认为长大了自然就会改正缺点。然而，孩子的发展并不如预期，孩子的问题可能会越来越多。另一种是非常严厉，要求孩子近乎完美，遇到孩子犯错会立刻纠正孩子所有的缺点和错误。这可能也会导致两种结果：其一，孩子特别顺从，事事按照家长的意愿行事，长大了也会变得没主见。其二，从小被压制，长大开始奋力反抗，让家长不知所措。

以上两种表现都有其弊端。真正面对孩子的问题或错误，需要家长具备同理心。有时候孩子的确会做出在父母眼里"出格"的事情，从现象来看，是有问题的。但要解决问题，帮助孩子在犯错后树立正确的三观，我们首先要了解孩子为什么会做这样的事情，如果仅仅是想消除症状，那么问题依然会存在，或者说孩子根本无法在错误中学习和改善。比如，孩子撒谎，心急气躁的父母不问青红皂白就把孩子数落一顿，孩子不但体会不到父母的爱心，反而会对父母产生抵触情绪，下次会把谎撒得更大。

有一个孩子不爱吃西兰花，爸爸妈妈在饭桌上讲了一堆道理，说尽了西兰花的好处，孩子最后答应吃西兰花，前提是爸妈要把眼睛捂住别看。爸爸妈妈照做了，但孩子迅速把碗里的西兰花放进盘子，然后把一口米饭塞进嘴里，对爸妈说："你们睁开眼吧，我已经吃了一大口西兰花了。"孩子的做法被偷偷从指缝里观察的爸爸尽收眼底，他发现孩子撒谎了，非常生气，"啪"的一下把筷子撂在桌上，准备横眉冷对这个"小坏蛋"。而妈妈连忙在桌子下面碰了碰爸爸的腿，然后语气平和地问孩子："宝贝，你感觉西兰花太难吃了对吧？""嗯！"孩子诚实地回答。"妈妈发现你本来不想吃，但为了不让爸妈失望，就假装去吃，谢谢你。"孩子听妈妈这么一说，很惊讶地看着妈妈。爸爸也松弛了下来，脸上的怒气也消了。孩子看到这里，竟然夹了一朵西兰花放进嘴里。

这个案例里，孩子明明是撒谎了，但具备同理心的妈妈看到的是孩子既不想吃又怕爸妈失望的那份小单纯；而爸爸的同理心不够，差一点就给孩子贴上"撒谎"的标签。

当父母用同理心去认识和看待孩子的时候，就会改变对孩子的要求，对孩子多了理解少了指责。

"没关系，妈妈相信你"

父母拥有了同理心，表现出来的是对孩子无条件的信任和能够换位思考的关爱，无形中也会把这种同理心传递给孩子，培养和影响孩子也能够具备同理心，为其日后的生活和交友产生更多有利的影响。

多数情况下，一个人在那些能全然接纳我们的人面前，会有变好的愿望和冲动。当我们不能接受孩子本来样子的时候，孩子就会变得很委屈，同时也感觉不到父母的爱。而具有同理心的父母，无论孩子好或不好都能全然接受，如此，孩子就有了进一步变好的愿望。

父母在养育孩子的过程中，无时无刻不在传递一种期望。传递期望有很多种方式。有一种传递期望的方式会让孩子觉得他永远让我们失望，这种方式就是父母不能全然接纳孩子，而不接纳最多的体现是父母不能够换位思考，不去站在孩子的立场上考虑问题。与之对应的，则是我们用接受并全然相信孩子的态度和心去传递期望，往往孩子会做得更好。

无论孩子有什么样的行为或问题，只要有妈妈一句"没关系，妈妈相信你"，足以化解很多看似头疼的问题。

在孩子的成长过程中，一定会出现这样或者那样的问题，有的家长可能就多少有一些小题大做，把孩子身上的一些小问题当作不得了的大问题，并且在所谓的问题行为上不停地和孩子纠结，以至于让孩子觉得父母好像因为这一件事情就不爱我，不喜欢我了。

越是在这样的情况下，孩子越可能发展出对立和违抗的行为，甚至会通过坚持强化错误的行为来和父母对抗。这就好像我们的爱人身上可能有一些缺点，如果我们不能够换位思考，选择不接纳不接受，不停地就这个缺点和他发生争执和冲突，我想最后可能这个问题不仅得不到解决，反而会变得越来越严重，最后导致夫妻关系恶化。这个道理也适用于亲子关系。

接受而不是放弃对孩子的要求以及放弃成长和改变，只是传达一个信息，无论怎样，我们是爱你的，无论何时何地，孩子是值得我们信任的。糟糕的父母有时候会用"我不爱你了"这种方式来要挟孩子，一开始可能会有用，因为孩子会害怕被抛弃，会觉得父母不爱自己是件非常恐怖的事情。但时间久了，孩子一定会发展出一种自我保护机制，就是不再在乎你以及不再在乎你的爱。这样的结果其实是我们都不愿意看到的，那么我们又该如何带着爱把孩子养育好呢？这也是我们的家长系列课程关于爱的能力的相关探讨。

原则性：心软不是爱，爱要温和而坚定

如何做到温和坚定

在父母爱的能力中，原则性是不能忽略的，所谓原则性指家长要有明确的底线和规则，在日常的行为和态度上能够让孩子明确地感知到父母是有底线和原则的。爱的原则性同时对应爱的稳定性，如果家长的原则性不强，可能爱的稳定性也会出现偏差。

比如，不稳定的爱会随着父母的情绪起伏而产生对孩子不同的态度，原则性也同理，底线和态度如果随着父母的心情随时变化，孩子就很难明确地知道父母的原则和底线，反而会学着看父母脸色行事。我们不妨假设一个职场情境。成人如何应对是非对错全看领导，如果领导是一个是非对错全凭心情的人，员工会有什么样的感受呢？相信大部分人都会有一个共识，认为这样的是非对错没有被遵守和尊重的价值，而且当员工摸清了老板的套路之后，某天自己犯了错受批评，是因为老板心情不好，只要把他哄高兴了，这个错就不是个大问题了。

孩子也会有类似的行为表现。如果家长的原则性不强，孩子就会摸不清家长到底是一个什么样的人，底线是什么，对待自己错误的行为又是按什么逻辑。因此，孩子会去探索家长的边界和底线，比如，他们会偷偷关注家长的脸色，一旦孩子认为父母心情好，自己犯了错父母就不讲原则，而父母心

情不好时，哪怕自己犯了小错误也会被揪住不放，这时孩子是混乱的，同时也会视规则如同儿戏。

孩子的敏感和机智表现在，最初他们想要达到某种目的的时候，总会以试探的方式看看大人的反应。如果父母的态度不够坚决，孩子便会知道：父母的底线是可以挑战的；但是，如果父母的态度非常坚定，事情就会变得不一样了。

当孩子发现规则可以随心所欲地修改之后，他们以后可能会成为一个不遵守规则甚至破坏规则的人。一个不懂遵守规则的人，有可能在以后的成长道路上会经历很多坎坷。

对于原则性，很多家长不是过松就是过严，很多人都听过"温和而坚定"这种说法，但是大多数人，没有想过怎么去做。因为实施"既温和又坚定"的原则是一件不太容易的事。孩子有一招对付父母的利器：哭！耍无赖！结果"温和"总是无效，"坚定"变成对峙，那么该如何做才能坚守"温和而坚定"原则呢？

美国心理学大师科胡特曾用诗意的句子表达了类似的含义："如何深爱你？用不含诱惑的深情；如何拒绝你？用没有敌意的坚决。" 这句话非常适合解释父母对待孩子的"温和而坚定"。温和是不带任何诱惑和条件去爱孩子，而坚定就是不带怒气不带敌意。

举例来说，幼儿园期间的孩子，入睡是个大问题。很多父母反映要么孩子不按时上床，要么上了床有很多理由不睡。如果运用"温和而坚定"的原则，比如规定九点上床睡觉，父母就要坚守这个时间。

快到九点钟的时候，提前十分钟提醒孩子说要睡觉了，让孩子有十分钟的准备时间。到了九点，父母必须把孩子带到床上，关灯睡觉。不管孩子哭闹还是使劲乱动，都必须让他在床上。可以在他哭闹时搂着他爱抚他。此刻最考验父母的温和，父母内心要很安静，不要害怕孩子哭闹或挣扎，也不要因为孩子入睡困难发火。坚守自己的原则，轻松些，静静地搂着孩子，也可以在孩子的额头吻一下，但是切记，话不要多，少讲道理。如果开始实在控制不住想发火，不妨给孩子讲十分钟的故事，因为大部分孩子会在父母爱的语音下，听着故事静静入睡。

"温和"并不意味着父母不能表现自己的生气、不耐烦、不满等负面情绪，真实的父母比"完美"的父母更有教育和影响力。而"坚定"也并不意味着不能改变既定规则和要求，可以在底线之上有一定的弹性和调整，而这个弹性和调整要视孩子的年龄和具体情况来定。三岁的孩子如果在户外玩耍，到了规定的时间还不回家，父母可以提前几分钟提醒，到了时间可以坚定地牵着孩子的手回家。如果是六岁的孩子，父母在玩耍之前就要与其约定，玩多久必须回家。如果不能遵守时间，可以减少一次放学在外面玩耍的机会，如此孩子就知道遵守约定的重要性。

另外，原则性的建立是一个逐渐开放和过渡的过程，尤其不能在孩子年龄小的时候松，到了年龄大了就严，这样很难达到预期的效果，孩子也会无所适从。比如，在孩子一两岁或者三四岁的时候，想吃饭就吃饭，不想吃就不吃，想出去玩就出去玩，不想出去就不出去。到了六七岁，又突然要把孩子管得很严，不听话就打，这样孩子当然很不舒服。

如果从小到大，孩子感受到的都是父母既温和又坚定的态度，孩子不但能够懂得规则的意义，也能从父母身上习得原则和底线带来的真正自由和自觉。

家长一个温和，而另一个坚定好吗

我们对"教育孩子要一个唱黑脸，一个唱红脸"这样的说法一定不陌生。所谓的"唱黑脸"就是严厉，"唱红脸"就是温和。我们经常会碰到这样的家庭，爸爸非常严厉，说一不二，基本不商量，母亲很温和，习惯迁就孩子。孩子的表现则是，在父亲面前极其乖顺，父亲的任何要求都立即执行，即使有些要求过于严苛。在母亲面前，孩子极其固执，母亲说的话基本不听，为所欲为。这样的孩子容易表现出"两面派"，父亲在的时候是绝对的乖宝宝，而父亲一旦不在家，孩子会把在父亲面前受到的压力变本加厉地释放在母亲这边，出现各种闹腾行为，与母亲对抗。

在孩子看来，一个规则可以由不同的人来执行，就会有不同的结果。如此，孩子就会漠视规则和底线，或者对于严厉的人他就表现得能够遵守规则和底线，对于温和的则完全没有规则和底线。

父母态度不一，从短期看似乎能起到一点作用，比如孩子在受到母亲宠溺而无原则的同时，会从父亲的威严里感受到畏惧，变得顺从和听话。但长远来看，父母对于坚守原则的不同态度会带来不良后果。

首先，孩子在父母身上看到不同的标准和规则，会导致价值观紊乱，他不知道谁对谁错。尤其是一个打一个护的情况下，孩子会觉得打的不爱自己，护的才是爱自己，从而忽略了自身的问题。时间一长，孩子就会失去是非观和对正确事物的判断。如此一来，孩子会向护着自己的一方靠拢，并且对打自己的一方产生仇恨和距离感。

其次，如果一个家里父亲一直扮演权威和严厉者，而母亲扮演温和者，或者有的家庭也会反过来，母亲严厉父亲温和，都会给孩子造成一种性别认知，认为父亲就应该是这样，母亲就应该是那样。而事实上每个人的个性都有多面性，严厉的父亲也有温和的一面，温和的母亲也有说"不"的时候。这样才不会在孩子幼小的心里留下固化刻板的印象，以至于孩子长大后习得了父亲的过分严厉或母亲的过分强悍，从而给自己择偶或未来生活造成一定的影响。

所以，父母在原则性上要尽量避免"一个唱黑脸，一个唱红脸"，更不能一个教育一个袒护，要努力做到知行合一，认知相同。只有父母站在同一阵营，孩子才知道父母的原则是一致的。无论是严厉还是温柔，只是不同情境下我们和孩子沟通的一种表象，内在本质都是为了更好地解决问题。对于父母双方来说，两人对孩子的教育理念和言行保持一致，才是最重要的。

父母"朝令夕改"，孩子如何"坚定不移"

父母的原则性还体现在说出来的话或做出来的行动，不可以随意更改。比如，给孩子定下的每天只能玩半个小时电子产品，无论何时都要执行，不能因为孩子耍赖或孩子搬出爷爷奶奶求情，父母就允许他玩一个小时或更长时间，如此，父母的原则性就会被孩子怀疑和轻视，孩子会很容易不把父母的话当一回事。

再比如，出门前对孩子说："我们今天去超市，不买玩具哦。"但孩子到了玩具货架面前就开始耍赖哭闹："我就要买！"妈妈拗不过："好好好，买买买！"

结果以后每次遇到玩具，都成了一场亲子拉锯战。这就是妈妈没有坚持原则惹下的麻烦。

制定了规则，家长一定要严格遵守，不能朝令夕改，孩子一哭闹就放弃了，这样孩子渐渐也就不把大人的话当回事了，也会让孩子对"守诺言"这件事不重视。如果孩子要脾气不守规则，家长就要施行一定的惩罚措施。比如，孩子应该收拾好玩具再去睡觉，可他就是哭着闹着不收拾，家长可以代劳，但是惩罚措施是明天孩子不许再玩玩具。到了第二天，就算孩子哭闹，家长也一定要坚持住！

此外，父母能够坚持原则，孩子知道父母的原则，就不会平白无故无理取闹，即使哭闹，也会在父母的坚持下慢慢知道耍赖是没有用的，最后就学会了自律。

在制定规则方面，要允许孩子参与进来，作为主动参与制订规则的人，破坏规则的可能性也会变小一些。

比如，家里两个孩子在争着要看不同的动画片，其实可以发动他们一起商量游戏规则，比如用扔硬币或掷色子的方式；当孩子不想睡觉拖延时间的时候，给他一个选择，让孩子选择今天晚睡一会儿还是明天少玩一会儿。把选择权交给孩子的时候，孩子感受到是被尊重，而不是被逼迫，自然也会认真对待和坚持规则，也更愿意遵守规则。

孩子做不到，是父母期望值过高

很多父母苦恼，家庭规则制定容易执行难，或者说坚守规则难。很多时候不是规则的问题，也不是孩子的问题，而是父母对孩子期望值过高。以为只要定下规则孩子就能乖乖按规则执行。如果规则如此好执行和坚持，孩子就不是孩子了。

有些家长对孩子期望很高，希望孩子在起跑线上就能超过很多同龄的小伙伴，于是给孩子设定了很多规则，但实际上别说孩子了，就算大人的意志力和自控力都是非常有限的，比如，我们累了一天，有时候也想稍稍地放纵自己一下。有专家用过一个形象的比喻，人的意志力也像肌肉一样，频繁地使用会引起肌肉疲劳。如果父母发现给孩子设定太多规则而孩子并不能按期望行事，那么有两种可能：

第一，父母没有考虑到孩子的年龄发展阶段，如果让三岁的孩子去坚守四五岁孩子的规则，就会强人所难。

第二，孩子在规则面前有了挫败感，规则就失去了意义。比如，家长看到孩子不遵守规则时，不能控制情绪就怒发冲冠，孩子则会觉得自己永远无法让家长满意，这样就变成了两败俱伤。

对于低龄孩子，我们要以关乎健康和安全的规则为主。孩子对这个世界充满好奇，很多所谓逾越规则的行为其实只是探索行为的另外一面，如果我们能够这么去看待的话，去给孩子设定少量但是重要的规则，可能会让他们保有更多探索精神和自发性，这也是生命的活力与天性的释放。

所以，在规则制定和遵守方面：

第一，要保持合理的预期，很多家长对孩子都有不切实际的期望，比如让一个三岁的孩子每天自觉收拾玩具而孩子"屡教不改"的情况下，不如让孩子和你一起做，你还可以告诉他，我们越早收拾完就可以越早出去玩。如果孩子知道规则对自己有利，就更容易遵守，从遵守规则中获益，也是对孩子这一行为的强化。

第二，当孩子在大部分时间都能做到遵守规则，偶尔有违反的时候，家长可以选择适当地忽略。如果过分去强调一两次违反规则的行为，孩子可能会觉得内心受挫，甚至会选择以后不再遵守规则了。这就好比我们在单位一直是个好员工，偶尔犯了一次错，领导就揪住这个错误不放，我们内心会对领导产生抵触，对工作产生抵触，甚至想我规规矩矩又何必呢？保持合理的预期可以让家长和孩子都不容易产生挫败和失望的情绪，进而有助于规则的实行和坚持。

第三，家长要注意规则遵守的度。既不能对孩子期望太高，也不能过于心软，以为孩子不能遵守规则就放任不管或定下的规则不作数。心软的另一层含义是无原则，规则在限制孩子的同时更多的是保护孩子，就像我们经常说不受限制的自由是危险的，家长无原则，允许孩子肆意胡为并不是对孩子的爱。反过来，孩子因不遵守规则受到惩罚，对规则的认识也让孩子对这个世界多了一份掌控感和秩序感。

最后一点也很重要，身教胜于言传，如果家长自己不遵守规则，却要求孩子遵守规则，孩子就会觉得这种要求既霸道又不公平，比如，父母不让孩子玩平板电脑，自己却拿起手机没完没了地刷朋友圈，这样的规则制订者在孩子的心目中也是缺乏权威和说服力的。

原则需要有宽有严

家庭教育存在着两种不正确的倾向。一种是教育过严，给孩子定下许多规矩，这也不许干，那也不许干，把孩子的手脚束缚得紧紧的，使他变得唯唯诺诺，无所见识；另一种是教育过宽，对孩子的要求，不管是正当的还是不正当的，一律满足，结果导致孩子放任自流，为所欲为。

而真正的原则性既不能过严，也不能过宽；宽严适度，宽严并济才是教育之道。无规则不成方圆，在亲子关系中，想必做父母的都体会过其中的纠结，然而要很好地拿捏这个尺度也确实不容易。

宽，首先是宽松的家庭氛围。宽松的成长环境有利于培养孩子独立思考的习惯、敢于直言的品格以及柔和平静的性情。宽松的家庭氛围更是培养幽默素质的土壤。其次是一种不过分拘束孩子的教养方法。对孩子无条件信任，允许孩子独立选择喜欢的事情，自由地去做，并尊重最终的结果，而不是孩子到哪跟哪，凡事都大包大揽。孩子在宽松的家庭氛围和轻松的教养环境中能得到真正的快乐，不知不觉中自理能力也会得到提升，学会走自己的人生路。

宽，也要适度，不能超越理智的界限。比如吃饭的时候，孩子把他爱吃的菜一股脑都挑了去，然后偷看母亲的表情。当发现母亲仅仅是用眼瞟了一下而并未责备时，他就会自鸣得意甚至得寸进尺。又如，有的家长饭前总要问孩子想吃什么，孩子说想吃香肠，当妈的就赶紧准备。但吃饭时，孩子又说想吃点心，母亲又照办不误。如此下去，家长就必然失去了自己的威信，而且也用错误的"宽"教给了孩子原则可以轻视。

没有度的宽，就会演变成父母没有原则的爱，甚至是毫无底线的纵容。

严，并不是声色俱厉，更不是棍棒相加。管束与教育不同，管束只是控制孩子，甚至是发泄自己，而教育是激发孩子的自觉。严，是对原则的坚持，并以孩子能接受的方式实施。

家长对孩子严格要求无可非议，但要讲究方式和方法。父母如果不顾孩子的年龄，不尊重孩子的人格，不考虑孩子的能力大小而一味提出过高过严的要求，会加重孩子的精神负担，由此产生的自卑感会阻碍孩子的进步，甚至会使孩子成为庸庸碌碌、没有个性甚至品行低劣的人。

宽严有度，孩子才能够感受到家长真正的爱，也能够习得什么才是规矩和原则。

边界感：教育的对立面是操纵

"爱"与"控制"是天平两端

"边界感"是个比较抽象的词。举个例子，如果两枚有壳的生鸡蛋放在一起，它们始终会是两枚鸡蛋，不管到哪里，它们都是按各自原本的样子存在；如果去除了蛋壳，那它们只要一靠近，就可能融合在一起，你中有我，我中有你，再想清楚地分开，就困难了。

引申到家庭教育中，边界感就是父母要与孩子保持一定的自我意识。很多中国式家庭中，父母的边界感会很弱。他们觉得：我们是你的父母，你是我身上掉下的肉，你必须听我的。

孩子在婴儿时期处于"全能自恋"阶段，那时候还没有自我边界意识，孩子和母亲是共生的——你中有我，我中有你。母亲要无微不至地照顾婴儿。这期间，父母尤其是妈妈给予孩子更多的是无条件的爱。这时孩子完全依赖妈妈，他的任何需求，都需要妈妈来满足。所以从身体、感觉、感受、认知等层面都和妈妈处于紧密的共生状态。共生状态，也意味着没有边界。

随着孩子渐渐长大，到了学龄期，妈妈经过了无微不至对孩子的爱，很容易把这种"大包大揽"的状态延续下去，却没意识到，随着孩子的不断长大，爱的方式也要发生改变。如果这个时候还表现出大包大揽，甚至到了控制的状态，就是缺乏边界感。

父母要正确认识成长是种别离。别离,并不只是指孩子工作结婚后离开父母。其实,孩子很小的时候就开始了别离——幼儿不断和父母剥离,建立自我。

牵起孩子的手,教会孩子什么是独立;放开孩子的手,让孩子融入新环境,是这个阶段父母的主要任务。

从鼓励孩子第一次自己学吃饭,第一次自己穿衣服,第一次自己处理大小便,第一次整理好去幼儿园的小书包,诸多的第一次都是引导孩子逐渐走向"独立",建立自我意识。培养孩子自己的事情自己做,实际上是培养孩子的自理能力,树立自立意识,让孩子在养成这个习惯的同时,潜意识就懂了"从小自立,长大自强"的概念。这样的能力、这样的意识具备与否,将影响孩子的一生。而能不能做到这些,考验的是父母的边界意识。

一不小心,父母就会模糊边界,错把爱变成控制。比如:

当孩子可以走路,探索外界时,踩踩水,玩玩泥巴,父母认为脏强行阻拦不让孩子尝试;

当孩子说吃饱时,父母还要喂,自认为孩子没吃饱;

当孩子不想穿红色的上衣想穿绿上衣时,妈妈不让孩子自主选择;

当孩子想读漫画时,妈妈非要让孩子读唐诗。

渐渐地,父母常常喜欢与孩子混为一体。打着"爱"的名义,肆无忌惮地闯进孩子的边界之内,变相地去"控制"孩子。

如何让爱的天平不向"控制"倾斜,父母就要给孩子选择权。今天想穿什么衣服、想玩哪个玩具、想读哪本书……从这些孩子力所能及的事情的选择开始,让孩子体会到我对自己的生活是有选择权的,而不是完全由他人包办,完全依赖他人。

如果孩子做出的选择是不对的（例如，要玩一下午ipad），那么家长可以沟通引导，让孩子明白他的选择会有什么后果。

如果孩子的选择是家长做出的，那么做得好或不好，孩子都会知道："这不是我自己选的，和我没关系。我只是做了你们让我做的事情。"如果选择是孩子做出的，那么不管结果是什么，都应该由他自己承担。

真正的爱是让孩子变成独立的生命个体，如果缺乏边界感，爱就会成为控制。父母要用"边界意识"来平衡对孩子的爱与控制。

什么行为影响孩子的"边界感"

在我们身边经常出现没有主见、没有自我的孩子，哪怕是身体强壮却依然像一个"成人巨婴"，再或者是不能够阻止自己被侵犯或经常去侵犯别人，追本溯源，都有可能是边界的问题。

人际边界有点像地图上的国境线，如果没有边界，人就没有安全的存在空间，这样的人有可能经常被别人侵犯，也有可能去侵犯别人的边界，这不仅不利于自我的健康成长，更重要的是还会影响以后的社会关系和亲密关系。

在爱的能力中，我们所定义的"边界感"是指家长能够尊重孩子的身心界限。边界感不好的孩子往往不知道什么是该自己负责的，要么过度负责，要么可能完全不负责任；在人际关系中把握不好跟人亲密的尺度，要不就亲密无间，要不就拒人千里，最终会导致孩子在成长过程中遇到各种各样的问题。

总之，一个孩子弄不清边界的话，有可能分不清楚究竟是你的事儿还是我的事儿，究竟是你的情绪还是我的情绪。反过来，如果一个孩子的边界过于清晰，就可能让别人觉得无法接近，甚至有点冷酷。所以健康的人际边界应该是有弹性的。人际边界感的培养有赖于父母和孩子之间的互动，父母的几种行为可能会影响孩子的人际边界。

第一种，父母过度掌控和强制孩子的思想与情感，没有办法尊重子女的人格自主性和独立性。孩子有可能出现两种极端，要么过度顺从，比如常见的"妈宝男"；要么过度逆反，哪里有压迫，哪里就有反抗。

第二种，父母把孩子当成自己的情感寄托。这样的情况多见于夫妻中的一方经常不在场或者无法从情感上满足自己，尤其在情感疏离或夫妻之间情感淡漠的时候，被冷落的那一方就有可能把孩子作为自己重要的情感寄托，这对孩子的边界感以及性格养成非常不利。比如，我们的千古难题婆媳关系不好相处，多数源于这个问题。婆婆无意中把自己儿子当成了老公的替代品，所以在儿子的婚姻上也会有诸多干涉。

第三种，各自与孩子结盟。夫妻双方和孩子是三角关系，当三角关系中的重要的两个点，父亲和母亲出现争执的时候，有可能孩子就被拉入了一方的盟友关系，其中一方通过和孩子结盟来指责另外一方，以2∶1的方式来对抗对方，这样的方式会把孩子卷入夫妻的矛盾当中。孩子被迫选择站队，而且会承担过多来自父母的压力，很容易产生消极情绪，而且父母一方可能会对孩子灌输对方的缺点和问题，这样孩子也有可能形成对父母一方的负面评价。

第四种，让孩子过早承担父母的责任。比如，有些孩子在父母关系不良的时候，很早就学会了照顾大人的感受，他们过早背负了父母的情感压力，之前多子女家庭中的老大对弟弟妹妹除了作为兄弟姐妹的感情之外，经常还有像父母一样的责任。父母经常跟孩子讨论一些孩子解决甚至理解不了的家庭问题，孩子有可能被迫地承担起抚慰父母的责任，这样的边界不清让他们成为很会照顾人的人，同时也经常容易背负别人的情感负担，甚至总想去取悦别人，觉得别人情绪不好就是自己的责任。

总体来讲，这些纠缠的亲子关系都是父母无意中利用孩子来满足自己的一些情感需要，而这些需要本来应该是从其他的成年人那里获得的。这样一来，父母也会不自觉地忽视了孩子很多和他们年龄相适应的需要，本应是孩子从父母身上得到的需求，最后孩子却成了满足需要的提供者。

我们经常强调的一个观点叫夫妻关系优先于亲子关系，一个重要的原因也在于当夫妻关系让位于亲子关系的时候，孩子就有可能成了父母一方获得情感满足的替代品，又怎么可能给孩子建立恰当的边界感呢。

边界感从被尊重开始

在孩子幼儿时期，很多父母跟孩子关系很好，但是到了青春期，乃至成年之后，很多孩子都想要逃离父母。这是为什么呢？大部分原因是父母没有处理好和孩子的边界。在中国，很少有父母和孩子是好朋友，亲子关系既亲密又能彼此尊重。

边界感的建立需要从尊重开始，尤其是父母要学会尊重孩子，孩子才能被培养出边界意识。

其实，孩子很小的时候就有边界意识，只是父母觉得孩子小忽略了或不够重视。比如，两三岁的孩子上洗手间知道害羞；出去玩儿随身小包里放什么样的零食或选择带什么样的玩具；喜欢和哪个小朋友玩，不喜欢跟哪个小朋友玩等；见到人愿意打招呼或不愿意打招呼……这些都是孩子的边界意识。

前面我们讲到爱的能力包括同理心，孩子的边界感同样需要父母带着同理心去理解和尊重，不仅要去理解孩子的感受，还要尊重孩子的需要和想法。

边界感意味着你是你，我是我，我们的想法可以不同，我们的感受也可以不同，我们的选择也可以不同。重要的一点是让孩子明白自己的选择是要自己负责的，负责任也是他边界内的事情，要为自己的决定承担后果，这是一个从小要培养的习惯。

比如，给孩子买了一个冰淇淋，你说"来，让妈妈尝一口"，于是就着一支冰淇淋，两人一同分享。事实上，这就是没有边界感的事。

正确的做法是，事前先问孩子，你愿意和妈妈分享吗？在孩子同意后，再去和孩子一起吃。如果孩子不同意分享，你就随他，这就是边界感。你要让孩子知道，这个冰淇淋的所有权是他的，不是你们两个的。

父母可能会困惑，不分享不就是小气吗？一个人吃完冰淇淋不是会吃坏肚子吗？

关于第一点，大方和小气都是孩子的一种特质。有的天生喜欢分享，有的天生自我产权保护意识就强，本无优劣，父母更不能去强迫，只能事后引导。而且，当孩子渐渐知道协同的重要性时，自然懂得分享。

关于第二点，妈妈可以提前给孩子讲冰淇淋吃多了的坏处，尽量少吃，或者在孩子同意的前提下和妈妈分享。也就是说，在孩子享有权利的同时，也要让他知道应该承担的责任。

这就要求当父母看到孩子做了一个选择，这个选择可能带来某些后果的时候，不要急于跳出来帮他承担后果，因为这样可能失去一次教育孩子为自己负责的机会。如果一个人有健康的心理边界，就会知道不光要为自己的选择负责，也要为自己的情绪负责。别人做了什么和我们的情绪之间还有一个中介，就是我们的想法。假如别人做的事情不符合我们的预期，我们就要生气，这就是边界不清了。从这个角度来讲，情绪是在我们大脑中产生的，我们要为自己的情绪负责，当然对方要为他的行为负责，最重要的一点是让别人知道它已经触碰到了我们的边界和底线。

作为家长要允许孩子说"不",允许孩子有拒绝的权利,不要以为孩子小就要凡事都听父母的,如果不论对错孩子都要听父母的,就是在践踏和侵犯孩子的边界。如果孩子说什么父母都不允许,孩子就会对自己失去信心或搞不清边界。有些孩子之所以在别人侵犯自己边界时选择不说或不敢说,就是因为在与父母的相处中发现自己无论怎么说都没用,长大以后他们可能对别人的侵犯毫无招架之力。

所以,父母要从尊重孩子的想法和感受、允许孩子做自己的选择开始,一点点把边界感还给孩子。

孩子的感觉很重要

毫不夸张地说,每一个人都靠自我真实的感觉在这个世上生存,比如感觉热了、冷了,感觉开心了、难过了,感觉别人爱自己还是讨厌自己等。孩子从出生开始就在不断感觉,从嘴巴开始逐渐唤醒身上的每一种感觉。蒙氏教育注重训练孩子的感觉,尊重孩子感觉发展的敏感期;华德福教育也注重保护孩子的感觉,认为孩子是通过十二种感觉来认知世界、感知自我存在的,否认孩子的感觉就等否认这个孩子的存在。可见,孩子的感觉是多么重要。只有认真对待孩子的感觉,孩子才能被视为一个独立平等的生命个体,而不仅仅是一个家里的小孩。而现实生活中,很多父母总是在否认孩子的感觉。

比如,孩子说热光脚满地跑,大人却说孩子是淘气不听话,故意光脚惹长辈生气;孩子说吃饱了,大人说只吃了一点点肯定没饱,接着吃;孩子说水太烫了,大人说刚尝过不烫;孩子说上幼儿园不好,大人说上幼儿园有什么不好,有小朋友、有吃、有玩的;孩子说做作业太累,大人说有什么累的，哪有我工作累……

父母把自己当成了万能的，自己说的就是真理，我们说不烫就不烫，我们说不累就不累，而这些都是自己的感觉而不是孩子的感觉。

长此以往，孩子的感觉不被尊重而是被否认，他们就会感到很挫败，甚至很愤怒，感觉不到父母的接纳，甚至感觉自己很不重要，自己的感觉也不重要。一个连自我感觉都不被接纳的孩子，他又如何建立起自我边界感呢？

所以，父母要做的是从自己开始，不要重复这样的教育观念，勇于承认自己不是万能的，同时要明确告诉孩子妈妈的感觉是什么，爸爸的感觉是什么，告诉孩子："当然，最主要的还是要看你自己的感觉，你的感觉更重要。"

有一个很好的案例：

一天，孩子趁奶奶出去买菜的时候对父母说："我讨厌奶奶，她特别小气。"爸爸听到这里，正要发火，因为女儿正在说自己母亲的坏话。而妈妈这时候选择理解孩子的感受，示意爸爸不要插手，然后问孩子："哦，宝贝，为什么这样说奶奶呢？能告诉我你是怎么发现奶奶小气的吗？"于是，孩子讲道：有天放学，奶奶接她回家路上，她想要买一瓶可乐，奶奶不给买，她就认为奶奶小气。妈妈把女儿抱在自己的膝头上说："这件事不能怪奶奶，是妈妈和爸爸叮嘱奶奶，不能给你买零食，尤其不能买可乐，因为你的牙齿不好，医生不让喝可乐。"孩子听完，吐了吐舌头做个鬼脸，内心已经知道自己错怪了奶奶。

这位妈妈尊重了孩子的感觉，并没有在孩子说第一句话的时候就否定孩子，更没有说孩子不懂礼貌不尊重老人，而是把握了良好的沟通机会，很圆满地处理了这件事。

所以，真正的边界感需要从重视孩子的感觉入手，做到不评价、不判断、不否定，把孩子的人生留给孩子自己去感觉和体验，这是我们每一位父母需要学习和思考的。

父母之爱是为了分离而存在

这个世界上所有的爱都以聚合为最终目的，只有一种爱以分离为目的，那就是父母对孩子的爱。父母真正的爱，就是让孩子尽早作为一个独立的个体从你的生命中分离出去，这种分离越早，你就越成功。边界感的建立，最终要实现的是父母与孩子能够正常分离，实现各自独立，这个独立既包括物质上的，也包括生理和情感上的。

如果父母与孩子之间不能做到健康的分离，是父母对孩子不负责任。我们看一个案例：

四岁的鲁克斯在幼儿园中班就读，大家都觉得鲁克斯内向安静。从他一岁起，爸爸一直在国外工作，妈妈和姥姥姥爷带着他在北京生活。当爸爸调回国内工作，与鲁克斯相处时，发现他太胆小了，为了锻炼他，爸爸要求他做一些事情，可孩子总是以"不会""不想"去拒绝。爸爸见状非常生气，常跟鲁克斯发脾气，还会指责妈妈教育失败。为了避免争吵，妈妈会偷偷帮鲁克斯完成爸爸交给的任务，结果是鲁克斯的爸爸发现妈妈帮了忙，更加生气，还打了鲁克斯，夫妻关系也陷入僵局。

这个案例不是个案，而是非常普遍。尤其是家里父亲在外工作，在教育上有缺位，等到真正想去管孩子的时候，就会出现对抗与矛盾。

首先，鲁克斯和爸爸的依恋关系并不稳定。当爸爸不停地要求鲁克斯尝试一些在鲁克斯看来需要勇气才能做到的事情的时候，他可能会觉得爸爸很可怕。同时，爸爸对孩子的状态是监督而不是帮助，所以这会让父子关系变得更加难以应付。爸爸急于求成却没有让孩子对他产生依赖和信任，既然有很长时间没有在鲁克斯身边，现在要做的第一件事情就是建立起亲子关系，多长时间先不做具体要求，而是陪伴、接纳以及用同理心看待孩子的胆小问题，这也是父母要修的爱的功课。

其实，孩子胆怯害怕的感受本身是合理的，就像我们遇到一些事情，我们感到害怕，难道说不害怕就可以不害怕了吗？理智战胜不了情感，特别是孩子，当父母能够理解孩子的恐惧和担心的时候，这种被理解、被懂得就可以降低孩子的对抗情绪，同时让孩子更有勇气去面对挑战。

一方面，希望孩子有好的行为就要让他先有好的情绪和感受，另一方面，父母任何一方都不能为了想要孩子变成自己期望的样子而进行惩罚或恐吓。也不能像鲁克斯妈妈那样包办替代，如此一来，孩子学不会处理问题，会对妈妈更加依赖，也不能够建立起属于自己的边界意识。妈妈的参与会让他认为自己的事情不需要自己负责任，而是有妈妈替自己摆平。这种越界的方式实际上是不能够让鲁克斯保持独立的，也侵犯了他的个人边界。

不替代他完成任务而是给予支持有很多方法。可以鼓励孩子树立信心，特别是跟孩子一起回顾他曾经表现勇敢的瞬间，让孩子相信自己，比如，鲁克斯失败时，妈妈应该帮助鲁克斯去寻找可能的完成方案是什么，而不是去替代他完成。另外，如果妈妈更懂教育理念，就不应该害怕自己的丈夫生气，而要与之沟通，共同去商量方法来应对孩子的问题。只有这样，才能在处理好夫妻关系的同时又能惠及亲子关系，最后达成家庭成员的一致目标，那就是给孩子爱，给孩子边界感，让孩子很好地与父母分离，真正独立成长。

第二章 父母性格

决定孩子的适应性

了解自己是什么性格的父母

每个人都有自己的特性和品质，父母孩子都是如此。每个父母的性格都会为孩子带来或多或少，或坏或好的影响。综合来看，父母的性格最直接影响到孩子的就是适应力。不同性格的人之间相处要经过了解和适应的过程，所以了解并适应彼此的性格是人际关系的基础。从父母和孩子的互动中，孩子的适应行为能得到适当的锻炼。父母会依据孩子的特点来教育孩子，同样孩子也会依据父母的特点来与父母互动，并接受影响。当然，影响一定是有好有坏，在亲子互动中，我们父母尽量多地了解自己的性格，并据此来作出适当的调整，好的继续发扬、不好的完善补齐，这样会让我们与孩子的互动更加健康，对孩子的发展也会更加有益。

让我们一起开始来认识自己，了解自己，成为更好的父母。

力量型父母

力量型父母很多都有领导的气势，他们喜欢或者容易让别人依照自己的方式来做事情。例如：他们会强调孩子一定要按照自己的要求来完成某件事情。他们的脾气通常会比较急，他们在对孩子说话的时候，习惯用命令和催促的语气："赶紧把那堆东西给我收拾好，快点，抓紧。"力量型父母性子比较急，说话直接，不喜欢绕弯子，更不喜欢磨磨唧唧，这样的父母喜欢更快地看到结果，而不注重过程，多数时候对事情的关注超过对人的关注。家长可以参考自己在日常生活中的特征来观察自己是不是这种类型。

对于别人的情绪和感受，力量型家长也不容易关注到。他们看到孩子哭闹的时候可能会变得急躁，试图用喝止的方法来处理，但是容易适得其反。

这类父母的好胜心往往很强，有比较强烈的竞争意识，而且也不会掩盖自己的竞争意图，有时候也会这么要求和期待孩子，希望孩子也有如此强烈的好胜心和不服输战斗到底的精神。当孩子不符合自己期望的时候，父母容易急躁，另外在互动过程中也比较缺乏耐心。

力量型父母表现出来的主要特点：
强势、支配欲强，容易让别人按照自己的方式来做事；
性子急、说话直，不喜欢绕弯子；
关注结果，有时候可能会忽略过程；
关注事情胜过关注人，所以经常忽略别人的感受。
好胜心强，喜欢竞争，当别人不符合自己的期望时，容易急躁和缺乏耐心，这样的父母在事业上披荆斩棘，是一员大将。

力量型父母在亲子教育中也有一定的优势：

首先，他们在孩子心目中的形象清晰明确。不要小看这个，这对孩子十分重要。相对于变来变去让孩子摸不到规律的父母，力量型父母是明确且容易识别的，而且孩子更容易建立安全感。我们可以从自己的角度想想，当我们的朋友对待我们始终如一，我们和他交往就会更加轻松和省心，亲子关系同样如此。

其次，力量型父母更容易看到孩子的成绩和进步，因为他们对这方面比较关注，并且能够积极地给予鼓励，让孩子拥有成就感，从而建立自身的价值感，并且感受到努力和收获之间的关系和体验，这会提高孩子的积极性和自信心。

再次，对孩子的表现反应比较及时，其实这个反应体现在很多方面。有些父母对孩子的表现反应会比较迟钝，不容易发现孩子的变化并给予及时的反馈，这样孩子就不会那么活跃和乐意表达自己。力量型的父母在这方面的表现是优秀的，他们总能第一时间给孩子反馈，让孩子感觉到自己受到关注，这对孩子的发展是重要的。

任何一种性格有利也有弊，力量型父母也有需要提升的部分：

首先，力量型父母要多提醒自己参与到与孩子互动或者玩耍的过程中，比如，随着孩子的思路一起摆摆积木，和孩子共同完成一幅画，这些都可以增进亲子关系，就算是有时忍不住直接批评孩子的时候，孩子的感受也会好些，因为平时与孩子互动的过程中打下了感情基础。

其次，对孩子的情绪要给予一定的关注，从心理学角度来讲，情绪和情感是硬币的两面，情绪很容易就会转变为情感，孩子的情绪被父母感受并理解的时候，亲子间的感情一定会有很大的增进。

力量型父母很容易看到孩子成绩，并给予及时的反馈，这点真的很好，不过我们也希望力量型父母在孩子没有达到我们预期的时候，同样看到孩子的努力，给予鼓励。其实鼓励孩子的努力比鼓励孩子的成绩要好得多。

力量型父母对孩子会产生哪些影响呢？我们的调查数据显示：

力量型父母对 3~4 岁的孩子在身心状况以及表现与创造力方面有积极的影响，这与他们可以得到及时的反馈，特别是对成果的反馈有关系。

对于 4~5 岁的孩子，在其身心状况、生活习惯与生活能力、倾听与表达、阅读书写、人际交往、社会适应性、科学探究、感受与欣赏、表现与创造各个方面的表现均有积极的影响！力量型父母能给予孩子对父母清晰的认知、能积极地鼓励孩子，孩子会有安全感和存在价值感，在各个方面都会发展得不错。

而对于5~6岁的孩子，则出现了消极的影响。很多父母会有疑问：为什么会这样？原因很简单，因为5~6岁的孩子自我感已经发展得很棒了，所以他对力量型父母这种强势的管教方式开始逆反，而力量型父母拥有的领导气质会压制这种逆反，从而导致亲子战争。

所以，力量型父母要在孩子低幼阶段给予孩子积极的影响，同时要及时调整和修正自己对学龄前孩子的消极影响，给予孩子持续的、积极的、正面的引导。

活跃型父母

活跃型父母，乐观开朗，很注重大家在一起时候的氛围，有他们在的地方总会有笑声也不会冷场。他们对朋友也包括对孩子很热情，情绪容易兴奋，但有时候也会不稳定。他们好交朋友也爱面子，不希望被当众反驳或是批评。他们愿意相信别人，在人际交往中也比较简单，不喜欢和需要花太多心思的人交朋友，经常给人大大咧咧的感觉，乐意分享，也不会有太多的隐瞒。活跃型父母和力量型父母其实都有外向的一面，但活跃型父母更在意过程，喜欢参与，喜欢和人打交道时候的感觉，常常能和孩子玩成一片。如果说力量型父母更多聚焦在做事情上，活跃型的父母则更多聚焦在处事上。

活跃型父母的特点：

乐观开朗注重氛围，能和别人打成一片；

情绪容易兴奋但是会有些不稳定，就是时而天晴时而雨的感觉；

爱面子，所以有时候也要孩子给自己带来面子；

愿意相信别人，有时候容易主观和片面；

开放自由，愿意分享也愿意接受新事物。

活跃型父母在亲子教育的过程中有什么优势呢？

首先，他们能和孩子玩成一片，参与度很高，并且很会制造氛围。孩子会因为父母的参与和陪伴感到开心愉悦，并且也会表现出更好的社交意愿和能力。活跃型父母自己本身就比较擅长表达情绪，因此孩子可以明显地感受到父母的情绪情感，并且也能够学会表达情绪和情感。另外，他们能把孩子当成朋友，而不是高高地站在父母位置上，这让孩子感觉到自己被尊重，对增加孩子的独立、自主性有较好的帮助。

那么，活跃型父母有哪些需要提升的地方呢？

第一，要避免情绪化对孩子的影响。活跃型父母的情绪不是很稳定，有时候可能会受到自己心情的影响，这样孩子就会感到莫名其妙，一是不知道父母怎么了，二是会怀疑自己到底是哪里做得不好，这会对孩子的安全感带来一定的影响。

第二，由于他们乐于参与而且会高度投入，有时候会无意剥夺孩子的主动权。本来是陪孩子玩搭积木，结果最后成了孩子帮父母运送积木，由父母来搭建。所以这方面父母要有所意识才好。

第三，不要把孩子当作炫耀的资本。活跃型家长很容易把孩子当作炫耀的资本，长得漂亮、懂礼貌、会背唐诗等，这会让孩子感觉自己是个附属品，觉得自己的存在是为了父母的面子。3~6岁的孩子已经有这个意识了，他们会觉得自己弹钢琴是为了父母，这会让孩子丧失很多兴趣，慢慢变得脾气不好和没有活力。

第四，活跃型父母在忙起来或有压力的时候容易敷衍孩子的需求或容易不耐烦，建议他们管理好自己的情绪，尽量对孩子多些耐心和认真。

我们的调查数据显示：

活跃型父母对3~4岁的孩子在倾听与表达以及人际交往方面有积极的影响。对于4~5岁和5~6岁的孩子没有显著性的影响。

所以，活跃型的父母如果能够从上面的几点做积极改进与提升，总体对孩子的影响是积极的。

和缓型父母

和缓型父母应该是很常见的，这类父母的表现特别符合儒家思想对人们的教化。因为他们平和、稳定，不太善于或乐于表达情感，比较内敛，也不喜欢直接与人发生冲突或竞争。他们内心有着自己的秩序，虽然嘴上不说，但是心里明白，同样他们也不太善于拒绝别人，对自己的需求也不是那么善于提出来。给人的感觉比较被动，从不强迫别人，当然也不喜欢别人强迫自己，他们的生活态度比较顺其自然，讲究水到渠成，有时候会有些宿命感。

和缓型父母的特点：
平和稳定，不太善于表达情绪情感；
遵循秩序感，不太喜欢突然的变化；
不喜欢被人强迫也不喜欢强迫别人；
喜欢顺其自然，不太喜欢直接竞争。

这类父母的优势：

他们比较尊重孩子的意愿，这是一种十分优秀的品质，会让孩子感觉到自己是一个有价值和能力的个体。他们对孩子是宽容和支持的，这是一种民主的态度，有利于孩子思想的自由和自主能力的发展，容易激发孩子的创造性。他们对孩子的态度在多数时候都能保持稳定，这会让孩子有安全感，让孩子有精力和心思去探究其他的领域。

但和缓型父母也有需要提升的地方。

首先，和缓型的父母容易纵容孩子的需求，与孩子争执的时候容易妥协，不善于制订规矩，有时候也不善于维护规矩，所以在这方面要有自己的原则和坚持，不然孩子会感到没有标准和底线，容易不好管理。

其次，不要过度保护孩子，放手让孩子去尝试，成熟的爱是促进孩子的成长和与父母的分离。

再次，和缓型父母应该注意反应的及时性，因为和缓型父母有时候会对孩子表现的反应慢几拍，或许他们认为没必要，或许他们认为自己心里已经知道，但是及时表达出来对孩子来讲很关键。

通过数据调查分析，和缓型父母对3~4岁的孩子在表现与创造力方面有积极的影响，这与宽容民主的态度有关。

对于 4~5 岁的孩子，在身心状况、生活习惯和生活能力、阅读和书写、感受与欣赏以及表现与创造方面容易产生消极的影响。因为这个年龄段的孩子需要与父母有比较好的沟通，也需要一些小的矛盾和冲突来帮助孩子意识到自我的存在、边界和力量，而和缓型父母在这方面会把孩子的这些意识缓释掉。

对 5~6 岁的孩子，在倾听与表达、人际交往、科学探究以及感受与欣赏方面会有积极的影响。因为当孩子有了比较明确的自我意识的时候，和缓型的父母会给予一定的空间、自由和尊重。

敏感型父母

敏感型父母注重细节和品质，做人做事认真，高标准严要求，有追求完美的倾向，他们很多人会生活得比较精致，在他们的字典里不存在"凑合"或"将就"两个字。对认准的事情比较坚定，甚至有点执拗，喜欢按照程序和步骤办事，喜欢逻辑思考，分析能力强。注重问题的解决，不太喜欢在压力下做事，也不太喜欢去冒风险。在情感方面比较内敛、细腻并有些敏感。《西游记》中的唐僧就具有这些特征，对西天取经一事十分执着，不达目的不罢休。这类父母对孩子的衣食住行都十分用心和讲究，往往会给孩子带来压力。

敏感型父母的特征：
高标准严要求，追求品质，注意细节；
坚定甚至有点执拗，喜欢按照步骤办事，对杂乱无序比较不能接受；
喜欢思考，逻辑分析能力强，注重问题的解决；
情感方面内敛、细腻、敏感。

敏感型父母有什么样的优势呢？

非常重要的一点，敏感型父母能够较敏感地感受到孩子的情绪和需求，能让孩子及时得到细致的照料，这对孩子的身心发展比较有利。由于自己注重细节和品质，往往也会注意孩子在这方面的培养，解决问题的能力也同样如此，所以敏感型父母对孩子将来在细节、品质、解决问题的能力方面有着积极的影响。

敏感型父母需要提升的地方：

主要集中在对孩子的要求有可能过于完美，导致孩子因为不能达到标准或满足父母需求而受挫。所以要提醒自己多给孩子宽松的空间，不要经常质疑孩子的能力，要多给予支持和鼓励，并且有意识地给生活多些变化和色彩，这样让孩子生活得更轻松、更有趣。

通过数据调查分析：

敏感型父母在孩子 3~4 岁的时候，对孩子在阅读和书写、社会适应、科学探究以及感受与欣赏方面会有较好的影响。

对于 4~5 岁的孩子，在倾听和表达、人际交往、社会适应以及科学探究方面会有比较消极的影响，这与其内敛以及高标准的要求有一定的关系。

对于 5~6 岁的孩子，在身心状况、生活习惯与生活能力、阅读与书写、社会适应以及表现与创造方面会有较好的影响。

以上是家长的四种性格特征，大家可以参照这些内容对自己有一个了解，并且可以在亲子教育过程中不断完善自己，成为不断成长的优秀父母。特别是数据中提示有消极影响的，要注意自己的性格在孩子的哪个年龄段的时候需要提升，这样能有效地帮助我们更好地建立亲子关系，让孩子的成长更健康和快乐。

最后，我们还希望大家了解以下几点：

1. 影响孩子成长的因素很多，性格因素只是其中之一，当然也是非常重要的因素之一，父母好性格能间接影响孩子性格的养成。
2. 我们把性格因素具体化、行为化是为了方便父母识别和改善。
3. 父母的不同性格特点也会造成不同的教养方式，形成不同的教育理念，所以，还是要在性格方面加以学习和研究，虽然"性格难移"，但却可以取性格之精华，去性格之糟粕，最终为自己的教育事业提供帮助。

孩子的行为映射父母性格

力量型父母太强势，孩子没有"安全感"

安全感的建立是孩子心灵成长中非常重要的一件事，安全感也是孩子未来进入学校、融入集体生活很重要的因素。孩子安全感的建立，包含了很多综合因素，比如家庭是否温暖、父母是否相处融洽、父母的性格因素等。

在幼儿园观察孩子久了，你会发现那些父母性格温和，情绪平和的孩子身上，笑容更多，幸福感更强，抗挫折的能力也更好。礼貌和教养一个都不缺，与小朋友相处也更宽容和友好。而那些父母性格强势（力量型父母大部分有这个特质），情绪不稳定，动不动就大吼大叫的孩子，总是更容易走极端，以及缺乏一种对世界最起码的安全感。

力量型父母性子比较急、说话直接，不喜欢磨磨唧唧或者不允许孩子不按自己的样子来，这样的父母喜欢更快看到结果而不注重过程，多数时候对事情的关注超过对人的关注。容易对孩子的行为产生极端的要求，性格脾气也容易像"领导者"那样高高在上。

力量型父母的信念模式是，孩子必须听我的、孩子应该对我顺从、听话、感激、好好表现、我承担这所有的责任；其行为模式是，通过严格的规则给孩子施压，不允许灵活和自由度，恐吓孩子，忽视孩子的感受，相信只有一条道路是正确的，孩子是自己的财产，发号施令，要求服从，或者对孩子要求完美、挑毛病，过于在意别人怎么想。这样的性格会让孩子缺乏安全感。孩子会觉得自己很无力，无法做到父母要求的那个样子。

而孩子面对这样性格的父母，往往表现出：

我毫无力量，无法获得掌控感；我需要依靠他人；我不能自己思考；我要放弃自己的主权；在别人强迫我的时候，我才会守规矩；别人会利用我；我永远都不够好；我需要比别人优秀；我必须赢等。

造成孩子这样的行为表现，在家庭教养模式中，要么母亲是力量型的，要么父亲是力量型的，最糟糕的是夫妻双方表现都很强势，都是力量型的。

母亲强势表现在家庭内，凡事都是妈妈说了算，孩子和父亲只能靠边站，不能提出任何意见或是其他的思想。妈妈决定了的事情不论是对的还是错的都无可厚非，如果稍稍表示出不满，就会受到指责。比如，孩子不想上才艺培训班，但是妈妈早就选择好了，此时如果父亲和孩子说不想去，母亲就当着孩子的面以父亲不懂得现在社会的竞争等为由，狠狠地数落丈夫一顿。如此的力量型性格会让孩子产生恐惧和不安，逐渐丧失自我意识，不敢提反对意见，任由别人安排自己的事情。

父亲强势，表现出来是家里的大小事儿都由父亲来决定，孩子遇到什么问题，父亲从不蹲下身子来听孩子解释，而是以自己的思维解决问题。父亲总是要求孩子做一些超出孩子能力范围内的事情，如果做不好的话就加以指责。孩子在父亲面前总是感觉到无形的压力和害怕，他们幼小的心灵可能会留下阴影并产生自卑感。

如果父母都是力量型的，对于孩子来说是非常可怕的。无论孩子做什么，父母都会按自己的要求或是方式来评判孩子的所作所为。所以，孩子往往得不到肯定和认可，他们得到的只是指责或是不应该。孩子活在强势的父母管制之下，失去了童年的自由和童真。

当孩子出现了退缩不前、不自信、人前人后行为判若两人等这些问题的时候，父母要及时调整，分析是不是父母性格问题给孩子带来了压力。

活跃型父母情绪不稳定，孩子敏感多疑

幼儿园里有这么一个孩子，和大家玩着游戏，突然就生气了，动手打旁边的小朋友，然后自己跑到一个角落待着，过了一会儿，没有人邀请，他又自己过来，和小朋友们一起做游戏。这些行为让老师们很头疼，不知道为什么这个孩子的行为如此反常。后来经过问询家人和不断观察，才知道孩子的妈妈情绪不够稳定。开心的时候，对孩子又是夸奖又是各种满足，甚至打破原有的规则去迁就孩子。不开心的时候，则是对孩子劈头盖脸各种训斥和打骂，导致孩子不知所措。

现实中这样的家长不少，心情好的时候，孩子犯了什么错都可以原谅，张口就夸奖孩子。比如说升职了、发了奖金，就买礼物奖励孩子。打麻将赢了，就随手给孩子零花钱。这时候不管孩子做什么，都看着很顺眼。相反，心情不好的时候，则对孩子凶得要命，不管孩子有没有做错事，先训一顿出口气再说。如果孩子反驳顶嘴，则可能把自己的不如意都怪罪在孩子身上："就是因为你，我才……""自从有了你，我的运气就一直不好……"

在这种环境中长大的孩子，因为无法判断父母会用怎样的态度对待自己的某些行为，常常会感觉到茫然和无助，没有安全感。孩子会察言观色，做事情不是按规矩和原则，而是依赖父母的心情，行为和说话上也会变得敏

感，比如害怕承担责任，闯了祸首先要说不是自己干的，生怕父母责备，尤其是看父母情绪不佳的时候，孩子更不敢面对，久而久之会有逃避，甚至撒谎、讨好、学会看脸色行事等敏感且负面的行为出现。

父母一旦阴晴不定，或者定的规矩随着自己的情绪反复无常，那么孩子在成长过程中一定会无所依从，他搞不清楚父母到底想要什么，也搞不清自己怎样去迎合父母的脾气。同时，孩子会从父母身上习得一种情绪，要么也无法控制自己的脾气，无法做到心平气和地处理事情，要么就是抗挫折能力较差。

所以，当父母发现孩子做事小心翼翼，总是看父母脸色，显得格外谨慎，甚至有的时候孩子情绪也喜怒无常的时候，就要反省一下自己是不是有"活跃型性格"的短板，要及时调整，既能够用活泼外向的性格跟孩子打成一片，也要避免情绪不稳给孩子带来负面影响，让孩子无所适从。

和缓型父母做事无原则，孩子易被纵容

我们常讲父母爱孩子应该是无条件地接纳。不管孩子能不能给你挣面子，不管他犯了什么错误，不管孩子能否活成你想要的样子，你都愿意为他奉上所有的爱。

但是，父母的爱，一定要有原则。

现在有很多孩子想要什么，父母就买什么，对父母长辈缺乏起码的尊敬，出门在外也表现得十分没有规矩。其实，这些问题背后的原因是有共性的：**父母没有原则的让步甚至是纵容。**

教养方式过于民主的家庭，父母往往是和缓型的性格，这类父母的优势是充分尊重孩子意愿，让孩子感受到自己是有价值和能力的个体。但弊端是

容易纵容孩子的需求，与孩子争执的时候容易妥协，不善于制订规矩，有时候也不善于维护规矩，所以，时间一久，孩子会发现父母没有原则，也不坚持规矩，造成孩子没有标准和底线，容易不好管理。和缓型性格的父母还容易过度保护孩子，不敢放手让孩子去尝试，给孩子的成长带来负面影响。

在这种过度保护并且无原则无规矩的家庭环境中，孩子由于得不到必要的指导和正常约束，会形成缺乏责任意识、自制力差、待人处事不会产生同理心等心理倾向。还容易使孩子养成以自我为中心、骄横跋扈、疏懒散漫、贪婪无度的"霸王"心态，这种小霸王心态如果不能得到及时纠正，则很容易发展为反社会型人格。

和缓型父母对孩子充满了爱与期望，但是却忘记了子女社会化的任务，他们很少对子女提出什么要求或施加任何控制，只把子女视为掌上明珠，在吃、穿、玩、用上一味迁就，一味满足，他们并没有意识到这种娇生惯养的方式在潜移默化中侵蚀着孩子的心理健康，使他们渐渐地养成自私、任性、霸道的坏脾气，而且也渐渐造就了孩子本人的脆弱和无能的人格。

当孩子长大成人面临未来的生活挑战时，则会因从小养成事事依赖父母的特性而无力承受任何心理上的挫折及其所肩负的社会责任。这种教养方式下的孩子表现很不成熟，自我控制能力尤其差，自私任性，缺乏同情心，缺乏生活的信心和能力。这些孩子一旦离开家庭进入大学或走向社会后就会束手无策，无法与人交流合作，遇到挫折缺乏心理准备和应付方法。

所以，当父母发现自己太过好说话、好脾气，对孩子一味迁就而无原则的时候，就要给自己敲敲警钟，不能太纵容孩子。

敏感型父母追求完美，孩子力不从心

有一次家长课上，有位年轻的妈妈，听完老师的课，对老师说："我觉得自己培养孩子很失败！"老师感到很惊讶，一位妈妈在什么情况下，才能确认自己失败呢？于是问她："你怎么失败了？"

这位妈妈说："我的孩子上课不注意听讲。画画不好，唱歌也不灵，就连钢琴也只会弹一些基本的曲子。"

看着这位年轻的妈妈，老师想她的孩子一定是上小学了，才会涉及上课注意力不集中的问题。于是，就问她："你的孩子有多大？"她说："已经五岁了。"

我们看看，一个刚刚五岁的孩子，上课没注意听讲，画画唱歌不好（在妈妈眼里认为不好）就被确认失败了，而且这个失败不仅属于孩子，也属于妈妈。

很显然，这位妈妈太过于追求完美，她希望孩子是完美的，能画画能唱歌，上课能聚精会神听讲，钢琴能过好几级。

现实中，追求完美或者说希望孩子完美的父母不在少数。尤其是敏感型性格的父母，他们多数希望或要求孩子画画就得画得有模有样，弹琴就得弹出一定的水平，对孩子的要求有可能过于完美，导致孩子因为不能达到标准或满足父母的需求而受挫。

希望让孩子做得更完美的背后，是对孩子现在所做的有很多不满。这变相地传递了一个信息：你做得不够好。这个负面的标签一旦给孩子贴实了，

让孩子深信不疑的时候，孩子就接受了这个标签，可能他永远都会觉得自己做得不够好。这是一个很深的催眠暗示。

如果父母经常让孩子做得更完美，有了这些强迫令后，孩子也会在内心不断给自己打分，不断给自己施压，不断给自己更高的期望，一旦不小心失败、犯错，内心就会有很深的内疚感和自责感，强迫自己背负很大的压力。

孩子遇到这样的父母，经常会感觉很累，永远够不着父母所定的标准。所以，拥有敏感型性格的父母要时刻告诉自己，不完美才是完美，我们不是完美的父母，也没必要要求孩子变成完美的孩子。在体察孩子情绪，陪伴孩子方面尽量发挥作用，调整自己追求极致与完美的心态。

性格难改，认知易改——做成长型父母

力量型父母应少"命令"多"商量"

力量型父母内心具备领导特质，他们喜欢或者容易让别人依照自己的方式来做事情，所以常常会视孩子为"下属"，在与孩子沟通的过程中，不自觉会变成命令式的口吻。这种方式的后果就是孩子丧失了自己思考做决定的能力。

权力，很多人都喜欢。因为具有权威的人，有了高高在上管制别人的快感。而力量型父母往往会认为，做权威型的父母才是智慧的父母。不是有句话说，"孩子在家里，一定要有个他怕的人。"这种让孩子"怕"的想法，就是父母的权威瘾在作怪。孩子"害怕"家长是一种正确的姿态吗？什么才让人害怕？只有一个人能强制了别人，这个人一旦不按照你的指示去做，他就要付出代价，这才会让人"害怕"。父母与孩子之间，如果追求的是一种让孩子"服从"或"无条件服从"，这样的父母能是合格的父母吗？

力量型父母多数会有以自我为中心的倾向，处理事情缺乏弹性，接纳度较低，认死理。对孩子多是发号施令，很少能够与孩子协商或让孩子自己做出选择。而且这种类型的父母总认为自己是对的，即使错了，在父母权威的作用下也很少认错，对孩子的尊重和理解相对会少一些。在亲子关系上，力量型父母说的居多，倾听的时候少。对孩子抱有较高的期望，因为力量型父母本身对自己要求严格，讨厌没有担当的人。由于自己的力量和权威使得孩

子无法自主做决定，导致孩子好像越来越没有担当。如此，形成了一个恶性循环，父母命令→孩子胆怯→更加没有担当→父母更生气。

因为力量型性格的父母期望和要求孩子绝对服从，在这种家庭环境里养大的孩子通常会按规定办事，守规矩。然而，孩子会缺乏自律。孩子从未被鼓励去探索事物和行为独立，因此，孩子从来就没有真正地去学习怎么去设立自己的界限和个人的准则。迫于压力，孩子会戴上假面具，扮演成听话、完美或者活泼的类型，去迎合父母的希望，但始终难以找到自己。父母的领导气势会令孩子觉得胆怯、羞涩和逃离，导致孩子因为怕犯错，而无法为自己的行为负责任。

本来教育孩子和孩子接受教育，应该是一件特别快乐的事情。但是令人心痛的是，很多家长们觉得自己的学历很高，懂的知识也很多，就希望自己的孩子也可以和自己一样，总觉得自己给孩子选择的道路，对孩子是特别好的，在孩子成长的道路上一直命令着孩子，慢慢地孩子们就已经没有办法做自己的选择了。

所以，力量型父母真正需要提升和改变的是要放下权威性、收敛领导气势，尽量少去命令，而试着与孩子商量。

比如，最让父母头疼的莫过于孩子看电视的问题。如果正好看电视与吃饭时间冲突了，怎么办？

如果是命令式的则会说："把电视关了，吃饭。"孩子不理会，父母继续命令："你听到没有？"如果孩子还是充耳不闻，父母这个时候应该就生气了，轻则夺过遥控器关掉电视训斥孩子前来吃饭，孩子带着十二分的情绪，吃的心情不好胃口不顺；重则父母因为生气惩罚孩子不让吃饭，孩子哭，家长怒，两败俱伤。

如果将命令换成商量的口吻，父母在开饭前的十分钟对孩子说："还有十分钟开饭，你是现在关掉电视去洗手摆碗筷准备吃饭，还是电视节目特别精彩，爸妈等你五分钟，然后你关了吃饭呢？"相信大部分孩子在面对父母给了选择机会的时候，会以顺从态度合作。假如父母说了这句孩子没有执行，父母还可以再补充一句："饭前关掉电视认真吃饭，饭后再看，宝贝肯定知道边看电视边吃饭影响消化。"这样一说，孩子一定不会再执着于不关电视，会非常愉快地在父母的商量态度下准备吃饭。

力量型父母经常犯的一个错误就是给孩子提要求，而非选择。选择是大人与孩子共享权利，孩子会更愿意回应选择而非要求。所以在恰当的时候，我们要给孩子提供至少两个大人和孩子都愿意接受的选择。有限选择，可以让孩子感受到被尊重。给孩子有限的选择是将权利给孩子的开始，也是家长们练习放手的开始。

活跃型父母，控制情绪是关键

生活的压力，成人世界的责任，往往让很多父母处于焦灼的状态，而最突出的表现则是在外人面前隐忍，而在孩子面前发泄情绪。每每自己不开心的时候，就容易迁怒于孩子。情绪不稳定表现最明显的当属活跃型父母。

上一秒他们能高高兴兴参与到孩子的游戏中来，甚至玩高兴了就成了游戏的主角，而下一秒情绪来了就会对孩子恶语相向。

比如，孩子高兴地跟妈妈讲述学校里发生的事情，妈妈带着情绪的话就会说：我正烦着呢，跟你爸说去。

再比如，孩子想要让爸爸讲故事，爸爸就会很烦躁地回一句：没看见我正烦着呢？咋就没有眼力见儿呢？

孩子会一下子变得不知所措，然后无趣地自己去玩了。

父母的情绪对于孩子来说意义重大，尤其是妈妈的性格与脾气，会直接影响孩子的心理发育。妈妈性格温和，孩子性情也趋于平和，内心世界稳定；妈妈性格暴躁、喜怒无常，孩子也心浮气躁，遇事情绪化，做事容易诸多不成。如果母亲有时候温和，有时候又暴躁，那么孩子也会习得一种喜怒无常、情绪化的处事方式。

所以，控制情绪是活跃型父母必修的功课。在发觉自己情绪不佳的时候，要有意识地去控制。

首先，学会自我反思。

情绪化的父母最常见的是吼了孩子甚至对孩子动了手之后，又会陷入深深的自责和不安的状态里，既懊悔又心酸，会忍不住用尽方式去弥补、修复亲子关系。把主要的精力都放在了自责与弥补上面，而没有放在反思上。因为不去反思和了解自己，以至于下次同样被冲动的情绪冲昏头脑，陷入恶性循环。

因此，家长要以"学到经验"的心态原谅自己，反思当时的情绪状态，当时管教失控的原因是什么？是因为当时因为某件烦心事心情很差？是因为身体不舒服？还是因为一再说教很多次都没用，觉得自己失去耐性了？只有找到自己发脾气的原因，才能知道下一步该如何解决自身的问题，让情绪不再那么失控。在下一次情绪失控之前，学会冷处理。比如，发现自己将要发脾气时，心里默数三个数，或者先离开现场冷静一下，或者喝杯水，给自己缓冲的时间。或者直接告诉孩子，请他离开自己视线，因为自己正在生气。

其次，向孩子坦承自己的错误。

犯错是很正常的，父母也是凡人，难免会有情绪失控的时候，当因为自己的情绪让孩子受委屈，一定要向孩子道歉。跟孩子解释自己为什么发脾气了，请求他原谅自己的一时冲动，让他知道你的情绪已经平复了，而且无论如何你都是爱他的。比如："妈妈很对不起你，刚刚有没有吓到你？现在心情还好吗？"鼓励孩子将心里的感受说出来，以防憋在心里留下阴影。

第三，听听孩子的真心话。

如果是因为孩子的确犯了错误，就要问问孩子，你想妈妈下次怎么办，孩子喜欢受到尊重的感觉。

"如果以这件事来说，当妈妈很生气时，你希望妈妈怎么说，你才会了解呢？"

"下次发生同样的事情，你不想妈妈发脾气，你要怎么做呢？"

可以和孩子来个约定："如果下次看到爸爸妈妈发脾气的时候，要主动提醒爸爸妈妈'不要生气'，好不好？"

这样的方法既能控制好自己的情绪，避免发生伤害事件，又能让孩子意识到妈妈会生气，自己是不是也做错事了。

最后，谢谢孩子的原谅。

跟孩子和好的最后一步，不忘谢谢孩子的原谅。你可以和孩子勾勾指头，约定彼此生气时的表达方式不能伤害自己和别人，不随便发脾气，而是要用适当的方式表达出自己的心情及想法。

和缓型父母要无条件接纳，有原则地爱

无条件接纳孩子、爱孩子与讲原则并不矛盾，讲原则更是一种科学合理的爱。

所谓无条件的接纳，就是无论孩子是什么样子，不管孩子身上有多少优点或者缺点，父母都要接受并鼓励孩子。所谓"原则"是当孩子做错事，犯错误时，我们依然爱孩子，但是，我们不能纵容，应该耐心地引导和帮助改正。教育孩子有原则地控制，比无原则地纵容更重要。

被惯坏的孩子有一个特点就是他们的要求总是被满足，这很大程度上是由于父母一而再，再而三地降低底线，溺爱而失去了原则。

和缓型的父母由于对孩子没底线、没原则，除了形成溺爱孩子的状态之外，还会对孩子过度保护，不太容易让孩子去尝试新鲜事物。

处处为孩子包办，表面看非常爱孩子，非常关心孩子，但实际上完全剥夺了孩子自我探索的需求。

孩子第一次要洗碗的时候，你拒绝，因为害怕会打碎碗；孩子第一次扫地的时候，你拒绝，因为怕扫不干净；孩子第一次端盘子的时候，你拒绝，因为怕摔碎盘子；孩子第一次穿衣服的时候，你拒绝，因为孩子穿得实在很慢……孩子每一次探索，每一次接通自己生命力量的时候，你都拒绝了。

父母帮孩子做完这一切，无疑向孩子传递了一个信息："你是无能的。""你没有能力，所以什么事情都需要我帮你来做。"时间一长，很多孩子会习惯依赖别人。

有很多男人结婚后，在心理上断不了"奶"，什么事情都需要母亲帮忙，事事都要问母亲，我们也叫这种人"妈宝男"，大部分妈宝男的背后是和缓型性父母，因为他们太能包办代替，做事也没有原则，会把孩子培养成没担当、不负责任的人。

和缓型父母要有意识地放手，给孩子尝试的机会，而且不能因为自己太过宽容而让孩子不讲原则，否则这种宽容会给孩子带来更多的负面影响。

所以，尽量把爱表现在及时的行动上，对孩子能及时关注和回应，把心里对孩子的爱说给孩子听。

敏感型父母应提升认知，少追求完美

曾有这样一个视频：一位记者采访一些父母和他们的孩子。记者问父母："如果给您的孩子打分，您会打多少分呢？"

爸爸妈妈们一个个开始细数起孩子的不足之处，然后迟疑地回答："70分吧""85分""我觉得90分吧"……

当记者问起正在玩耍的孩子们："如果让你给爸爸妈妈打分，你会打多少分？"孩子们扬起稚气的小脸，骄傲地回答："嗯，100分""我给妈妈一万分"……

在孩子的眼中，父母都是完美的，而在家长眼中，孩子或多或少都是有缺点的，十全十美的都是别人家的孩子。

敏感型父母有过度追求完美的倾向，就是父母在教育孩子时，往往根据自己的需要或感受对孩子的每一个方面都提出很高的要求，或者即使要求不是很高，但处处给予要求和控制，这会给孩子带来很多不利的影响。

科学家做过一个实验，把一条梭子鱼放进一个有许多小鱼的水池里，任何时候梭子鱼饿了，只要张张嘴，把小鱼吞进去就行了。过了一段时间，科学家用一个玻璃瓶罩住了梭子鱼。开始时，小鱼在瓶子外面游来游去，梭子鱼就迎上去，但每次都撞在了瓶壁上。慢慢地，梭子鱼的冲撞越来越少，最

后，它完全绝望了，放弃了捕食小鱼的所有努力。这时，科学家取走了套住它的瓶子，备受打击的梭子鱼沉到了池底，一动也不动了。无论有多少小鱼在它的身边甚至嘴边游来游去，它都不会再张嘴。最后，这条可怜的梭子鱼就这么活活饿死了。

看了这个故事，也许我们会说，这条梭子鱼真是笨死了。

梭子鱼原来并不笨，捕食小鱼是它的拿手好戏，它是一条能够独立生活的正常的鱼。可是，无数次的碰壁后，梭子鱼开始怀疑自己捕鱼的能力，后来，它彻底绝望了，坚信自己是一条再怎么努力也不可能捕到鱼的笨鱼。这种无能感最终害死了它。

同理，每一个孩子原本能量具足，他们是非常有潜力的正常的孩子，而父母一旦追求完美，认为孩子做什么都没有达到父母的预期，孩子就会渐渐产生一种无力感、无能感，在孩子的心里就会形成一种信念，觉得自己不行，达不到父母要求。那么孩子就主动关闭了自己求知的信心和动力。

社会心理学认为，每个人的自我形象，部分地取决于自己对他人反应的理解，即通过"我看人看我"的方式形成，而自我形象一旦形成，又会成为制约人、塑造人的规范和自我力量。如果孩子最信赖的父母常常觉得自己做的不好，各种挑剔，难免会使自身顺从于这种标定，并做出相符的行为。这对敏感的、易于接受心理暗示的儿童影响尤大。

所以，敏感型的父母需要提升自己的认知，做到尽量不用完美的眼光来看待孩子，要求孩子。就像几米说的那样，我知道我不是一个完美的小孩，但你们从来也不是完美的父母。我们必须相互容忍，辛苦且坚强地活下去。

第三章 投入度

养出专注力强的孩子

投入=花时间陪伴

时间要花在孩子的黄金年龄上

在多数人的认知里，经济条件好的家庭孩子生存环境没有压力，自然会成长得优秀和自信，反之经济条件不好的家庭，孩子处处充满压力，成长的过程中也会出现自卑的倾向。众多科学研究证实了经济条件好的家庭孩子确实在某些方面比经济条件差的家庭培养出来的孩子更加优秀，但是，真正导致这个差别的却未必是经济条件，而是父母在孩子身上投入的时间不同。

父母陪伴孩子时间的长短，在很大程度上影响着孩子在生活、交友、学习等各方面的表现。父母的陪伴不仅会对孩子形成有效的监督作用，同时能营造出一种良好的家庭氛围，激发孩子向更积极的一面去成长和发展。

我们曾就投入度状况对672名3~6岁儿童的家长进行了调研。从父母投入的时间、频率和质量三个维度对父母进行提问和评分，并将这些父母投入度的结果与他们的孩子各方面表现进行相关性分析，试图弄清楚父母的投入度，对于不同年龄段孩子的各项发展到底有什么样的影响，是否存在着某些规律。更具体地来说，我们想看到，父母投入度对不同年龄段的孩子会有哪些影响。调研的结果显示，对于不同年龄段的孩子，父母的投入度会对孩子产生多方面的影响。比如身心状况、生活习惯与生活能力、倾听与表达、阅读与书写、人际交往等。

例如，对于3~4岁的孩子来说，父母的投入度显著影响到他们在生活习惯与生活能力方面的发展，尤其是5岁之前。不仅如此，在这个年龄段，父母投入度对于孩子的身心状况也有着突出的影响，在数据上呈现出高出其他项目很多倍的相关性。这是为什么呢？

美国著名发展心理学家爱利克·埃里克森认为在4~5岁这个年龄段，孩子正处于主动感到内疚感的阶段。这个阶段的孩子精力旺盛，而且已经预备好要学习各种事物，他们特别渴望从成人尤其是他们的父母那里学习。更为重要的是，在这个阶段如果他们成功地完成了学习任务，就会发展出强烈的自信心和胜任感，孩子们会相信他们能够独立计划并完成工作，也能够应付错误并且从错误中学习，而不会因事物的进展不如预期产生内疚感。

因此，成人在这个阶段对于孩子的陪伴尤为重要，他们不仅要在孩子身边作为孩子学习的对象，更要给予孩子适当的鼓励，为孩子创造可以成功完成学习目的的环境。只有我们帮助孩子顺利解决了这一阶段的特殊需求，孩子的身心状况才会表现出非常好的状态。

孩子处于这个年龄阶段的家长一定要重视，不仅在陪伴的量上有意增加，更要注重在陪伴孩子时给予他们有益的反馈和互动。这个时期，父母要做到对于孩子的好奇心以及探索行为不去横加阻挠，让他们有更多机会去自由参加各种活动，耐心解答他们提出的各种问题，而不是嘲笑、禁止，更不是指责。如此，孩子的主动性就会得到进一步发展，他也会表现出很大的积极性与进取心，最终呈现出良好的身心状况。

父母要把陪伴的时间花在孩子的黄金年龄上，5岁之前孩子主要受父母影响，这个年龄段习得的父母模式会影响他们一生的能力和生活模式。父母尤其需要关注自己对于孩子的投入度。比如，我们遇到过一些八岁左右甚至处于青春期孩子的父母，因为孩子长大以后出现各种问题而痛苦不已。其实他们孩子身上的很多问题都是由于父母早期对于孩子的投入不足或者投入方式不当而造成的。说到这里可能有些家长会问，难道早期对于孩子投入的不足或不当真的就不可弥补和挽回了吗？事实是这样的，6岁之前我们对孩子的影响最为显著，大部分结果已经成型，8岁之前通过加倍的弥补也许还有机会改变，但是8岁以后，孩子的大部分习惯已经养成，思维方式也已经相对固化，这个时候父母再想对他们进行干预，可能产生的效果就微乎其微了。所以，我们反复强调，千万要注重在孩子6岁之前陪伴他们的时间，这不仅仅是因为其有事半功倍的效果，更是因为这些早期的影响会不可逆地影响孩子的一生。

在孩子身边不等于陪伴

有句玩笑话说：**世界上最远的距离，是我在你身边你却在玩手机**。随着智能手机的普及，人手一机，随时随地当低头族成了现代人生活的常态。正是由于这种现象，才有很多教育专家呼吁，家长要放下手机多陪陪孩子。

有研究表明，父母在孩子身上的投入度直接影响到孩子专注力的养成。换句话说，父母的投入度越高，孩子长大以后的专注力越强。这其实很好理解，孩子总是希望得到家长的关注，如果他们的精力都用在了吸引成人的关注上，那么他们就很难集中精力在自己所做的事情上，长此以往，就会很大程度地影响到自己专注力的养成。由此可见，家长对于孩子的投入是家庭教育过程中非常重要的一个方面，必须得到家长的重视。

在长期与家长互动的过程中，我们发现投入度不足是一个非常普遍的问题，尤其是双职工家庭，爸爸、妈妈因为忙于工作，不能长时间陪伴孩子，会对孩子产生很深的愧疚感。还有一部分父母即使下班回到家，也容易被手机吸引而忽略孩子。生活中，爸爸妈妈们习惯了用手机打发时间，一天当中，接触最多的就是手机。相信99%的家长都当着孩子的面玩过手机，甚至有些爸爸妈妈还会把手机给年幼的孩子玩。

很多父母还很委屈地说："我们没有把孩子扔给老人，也没有让孩子当留守儿童，天天在孩子身边难道还不是陪伴孩子吗？"这样的陪伴还真不是。比如我们站在孩子的角度看看：

当孩子想跟爸妈说说幼儿园的事情时，发现爸妈在玩手机；

当孩子牵着父母的手去公园的时候，爸妈的眼里并没有风景，依然在玩手机；

当孩子让爸妈讲故事的时候，爸妈在玩手机；

当孩子希望爸妈能跟自己玩游戏的时候，爸妈在玩手机……

这样的状态只能算是陪着，父母的注意力不在孩子身上，就不能称为真正的陪伴。带孩子，最怕一句："你自己去玩，我忙着呢！"这样孩子就像没人握着方向盘的汽车，会偏离轨道。

小朵妈妈是全职家庭主妇，每天家务之外的时间全部用来照顾孩子。用她的话说，自己是一个不领薪水的保姆，恨不得关掉手机流浪三天，实在太累、太烦了，所以，孩子只要从幼儿园回到家，她总是表现得很没有耐心。孩子想对妈妈说幼儿园的事，她总以"妈妈很忙，一会儿再说"来应付孩子。孩子想让妈妈讲故事，她总说"今天太累了，要早点儿休息"拒绝孩子。孩子想让妈妈陪自己做手工,妈妈总以"你自己玩儿,妈妈很忙"来推脱。时间一长,孩子虽然每天看到妈妈在身边,却依然感到很孤独,在幼儿园里表现得也是一副小心翼翼不太合群的样子。在小朵幼小的心里认为妈妈总是很累、很忙,顾不上陪伴自己。但在小朵妈妈的心里,她自己每天围着家务和孩子转还要怎么陪?

这也是很多父母的思维,认为每天在孩子身边就等于陪伴,殊不知全职妈妈即使常常在孩子身边,却不是真正的陪伴。更多的情况是疲惫造成的不耐烦,拒孩子于千里之外的冷漠,孩子不但感受不到真正的陪伴,还会生出更多的委屈,认为妈妈近在咫尺却离自己很远。

尤其是当今社会,孩子们普遍没有同龄玩伴,离开幼儿园,大部分孩子会关在家里,除了玩具、电子产品,剩下的玩伴只能是父母。他们只能寄希望于和父母有互动,因为父母是他们仅有的伙伴。在这种情况下,说得严重些,父母就像孩子唯一的救命稻草,如果能抓住,就可以顺利成长,如果抓不住,可以想象孩子的童年会缺乏很多东西。

所以,父母要有意识地学习如何陪伴孩子,正确投入时间和精力,把仅仅是"陪着"提升为用心"陪伴"。

真正的陪伴是全心投入

在孩子的眼里,父母真正陪伴自己表现出来的应该是:自己有想法,妈妈可以认真听;自己想玩耍,爸爸可以充当游戏伙伴。真正的陪伴是父母和孩子同在一个时空里,共同做一件事,关注点在一起,感受同样的事物,一起看书、看电影,一起做游戏,一起玩耍聊天,一起解决问题等,只有这样,孩子才能感受到父母和自己的心是连在一起的。

家长边看电视,边陪孩子;边玩手机,边陪孩子……孩子虽小内心是敏感的,如果大人表现出人在心不在,他就很容易有一种挫败感:"妈妈(爸爸)可能并不是那么喜欢我,和我在一起的时候为什么想着别的?"孩子希望在父母眼中,自己是最重要的存在。

很多父母认为的"陪伴"就是指出现在孩子面前,这也常常是不少父母非常纠结之处:我下班回家后就一直陪着孩子,还想让我怎样?!于是,不少家庭就陷入了恶性循环:孩子哭闹非常黏人,父母心力交瘁还要强打精神陪着,孩子反而更加黏人,父母绝望。

所以,真正的陪伴,不是仅仅出现在孩子面前,你人在却不跟孩子同频,等于假装陪伴。你在玩手机,而孩子自己在玩玩具;你在想心事,而孩子自己在翻漫画书;你在追肥皂剧,而孩子独自在玩积木,这些只是父母与孩子在屋里共同存在而已,并不是陪伴。真正的陪伴是全心全意同孩子玩在一起,乐在一起,在一起学习。其实孩子对吃什么,住什么,穿什么都没太多的要求。生活中,孩子更多关注的是否有人陪他们。父母给予孩子真正的陪伴多数体现在:能不能全身心地投入到与孩子的互动中,而不是把大部分的业余时间用在工作中,再对孩子说自己很忙,没时间。

杨澜在"第五届新东方家庭教育高峰论坛"上讲过一个关于陪伴的故事。1996年,她在美国生下儿子,在这期间,无论多忙她都会抽出时间陪儿子。一次,由于工作的原因,她出差整整一个星期没有回家。那天回到家,儿子先是背冲着她不说话,最后哭出声来。看着儿子,她也忍不住流下了眼泪。于是她给自己下了一个死命令——放下工作专心在家陪孩子一年。那一年的陪伴,她给了儿子最需要的安全感。她感慨地说道:"如果当时我不放弃自己的工作去陪儿子，造成的亲情缺失是后天不可弥补的。"在儿子以后的成长道路上，她越来越庆幸自己当初的决定。对于她来说，放弃工作可能只是错过了一个好的机会，但是对于儿子来说，他错过的可能是整个人生。

更重要的是，真正的陪伴不仅能给孩子带去身心愉悦感，同时父母也能在这个过程中学会不少东西，感悟到不少东西。明白来日并不方长，尤其是大人一旦错过陪伴孩子，就会错过了孩子成长的脚步。

是否是真正的陪伴，父母可以注意以下几个方面：

1. 全心全意陪伴表现在，可以心在身不在，不可以身在心不在。 陪伴孩子，不只是坐在他旁边或者和他待在一个屋子里自己干自己的事情。这样的陪伴，我们称它为"低质量的陪伴"。一个出差在外的爸爸，打开视频哪怕给孩子读十分钟故事，这就是人不在心在的表现，这也是陪伴的一种。相反，如果你待在孩子身边，却总嫌孩子过来烦你，你抱着手机，孩子干别的，这就是人在心不在，不是真正的陪伴。一行禅师说过："当你爱一个人，你能给予最好的就是你的临在。如果你都不在那里，你如何去爱呢？"

2. 享受当下。 当我们陪着孩子时，想着的却是成堆的家务、未完成的工作等，内心不平静，就不能沉下心来跟孩子享受当下的状态。那么，这样的陪伴就和孩子不在一个频道，自然无法去理解孩子，也无法感受孩子的天真烂漫。有位妈妈说，她陪伴孩子的时候会把手机调成静音状态，孩子要跑她就跟着跑，孩子要躲猫猫她就跟孩子躲猫猫，孩子很开心自己也很放松。当我们把陪伴孩子当成任务，就会失去很多乐趣。而活在当下，享受当下，才能发现孩子的童真与可爱，才能与孩子顺畅连接，满足孩子的同时，也让自己回归最简单纯朴的快乐。

3. 双方都开心。 这一条看起来简单，做起来并不简单。往往父母会把陪伴孩子当成负担，皱着眉头不耐烦，甚至有的父母因为被孩子纠缠着不得已来陪伴，还会对孩子心生抱怨，一边陪在孩子身边，一边数落孩子打乱了自己的节奏，如此一来，自己不开心，孩子也不开心。陪伴在享受当下的同时，也要发自内心与孩子一起开心。无论是陪孩子下盘棋还是搭积木，成人要把自己当成孩子，完全放松心情，让孩子和自己都能开心享受彼此陪伴的那一刻美好时光。

陪伴要学会时间管理

李开复说："对于孩子，有时10分钟的体贴比10小时的陪伴还要受用。"可见，好的陪伴并不是时间越多越好，而是要会利用时间。

据我们对很多家长的调查显示，工作压力成为陪伴孩子的最大阻力。加班、应酬成为父母无法陪伴孩子的主要原因。"忙"成为现代生活常态，父母假期少、工作繁忙，陪伴力不从心。

好多妈妈也在抱怨，自己当妈以后就忙得没有时间，但是，开玩笑地说，再怎么忙，也不会比李开复忙吧？连李开复都要进行时间管理，平衡工作和家庭，普通人也应该学着管理时间，合理安排时间，平衡工作和孩子，让陪伴变得不得那么难以执行。

陪伴，其实根本不需要全天24小时，就像李开复所讲的那样，每天专注陪伴孩子10分钟，远远胜过一整天无意义的相处。其实，随着孩子进入幼儿园，每天在家的时间并不多，所以对父母的陪伴要求并不苛刻，只是周末或晚饭到睡前这段时间，父母要尽量做到在这段时间陪伴孩子。

我们看一个案例：

乐乐妈是一家公司的管理人员，休完产假就回到了工作岗位。每天早上7点半出门，晚上快到8点了才能回到家，如果加班，也许就是9点、10点。到现在，乐乐已经4岁半了。算起来乐乐妈每天顶多有一两个小时的陪伴时间。相对于那些全职妈妈或者是工作时间更宽裕的妈妈来说，她的陪伴时间很有限。在有限的时间里，她是怎么做的呢？

拿比较常见的一天来说：乐乐妈妈和爸爸有明确分工，妈妈负责早晨送乐乐入园，爸爸负责接乐乐放学。早晨是妈妈骑着电动车送，放学爸爸开车来接。路上亲子教育也不闲着，妈妈送的时候路上跟孩子背古诗，爸爸接的时候跟孩子不是唱歌谣就是听乐乐讲幼儿园的事。他们家并不富裕，不到60平方米的小屋，有一面墙做成一个书架，书架上满满都是书，每天睡前的半小时是一家三口固定的阅读时间，平时三个人还要互相编故事给其他两个人听。乐乐在这样的环境里，耳濡目染了父母爱阅读的习惯，从小对书就爱不释手。

乐乐妈下班晚，回家之前，她和爱人约好，爱人负责买菜洗菜，她回家负责加工。她在做饭的时候，孩子就和爸爸在一起玩耍，这样一来，虽然两个人的时间非常有限，但在陪伴孩子方面一直做得非常好。

晚饭时间，乐乐迫不及待地给爸妈讲一天幼儿园发生的事。爸妈认真听孩子讲话，分享孩子的"成绩"。晚饭过后，一个人洗碗，另外一个家长陪孩子阅读，并照顾孩子洗漱、睡觉。这样充实的一天下来，父母并没有因为生活的辛苦而抱怨生活，孩子也感受到了父母真正的陪伴，感受到了一家人在一起其乐融融的家庭氛围。孩子在外面表现得十分自信、乐观，善于与人合作，尤其做一件事专注力特别强，这跟父母的用心陪伴有很大关系。

这个案例告诉我们，每个为人父母的人，都会遇到相同的事情，工作和家庭让自己分身乏术。想要给孩子好的陪伴，并不在于投入多少时间，而是要会利用时间。高质量的陪伴其实不需要花费太多的时间，可能是一天，可能是一个小时就足以让人一生难忘。

做好时间管理。我们再忙、再累，也需要抽出一定的时间多陪陪家人和孩子，放下手机和工作，或者一起做做家务，或者做一顿丰盛的晚餐，或者一起读书和游戏，或者来一场说走就走的旅行，大家一起感受对方的感受和需求，做心与心的交流，让爱在心与心之间流动起来。

投入=高质量陪伴

高质量的陪伴是父母和孩子都感到舒服

前面我们讲高质量的陪伴,保证在同一时间与孩子做同一件事情,目的是让孩子感受到父母全心的关注。而在质量上看,陪伴是要父母和孩子都感到舒服。

我们问问自己,作为爸妈,每天和孩子相处的时候,会有特别舒服的感觉吗?不是孩子特别懂事给自己端茶、倒水、拿拖鞋,不是孩子用稚嫩的声音说"妈妈,我爱你",也不是孩子唱儿歌、跳舞向你展示才艺,而是那种小小的、平凡的,让父母觉得此时此刻在孩子身边身心舒畅的感受。

这种舒畅的感受可能来自你接孩子放学的路上,他开开心心地说起幼儿园的事情;

可能来自睡前躺在你的臂弯,睁着求知的大眼睛,想要听故事的那种急切;

可能来自想要和爸妈一起泡泡澡,一起玩泡泡;

可能来自吃饭的时候,都爱吃同一个菜……

总之,来自那些特别日常、特别细节的小事。

这样舒服的体会，可能有的父母有过体验，可能有的父母从未体验过。他们虽然每天陪着孩子，但总是被孩子的各种大事小事烦得焦头烂额，明明是很温暖舒适的感受，也让位给了糟糕的生活体验，变成了每天都会遭遇几场愤怒、着急、沮丧或无可奈何的感觉。

造成这两种截然不同的感受和体验，是陪伴质量造成的。陪的时间久，却没质量，不如陪的时间少，却质量高带来的体验更好。调查过一些父母，那些一天到晚见不到孩子的父母，偶尔陪伴孩子一会儿，会加倍珍惜，尽可能地带给孩子和自己快乐的感受。反之，那些一天到晚黏在孩子身边的父母，却感觉自己被孩子绑架了一样，恨不得逃之而后快，哪可能有什么舒服和快乐的体验。

如果一个妈妈每天无时无刻不守在孩子身边，陪孩子玩，好不容易孩子睡着了，妈妈赶紧做饭、洗衣、收拾屋子，活儿还没干完，娃又醒了，继续陪娃……那确实会很累，因为这样的妈妈别说有自己的休闲时间了，就连睡觉的时间都很难保证。问题是，这样每时每刻陪伴孩子，的确是孩子需要的吗？这样疲惫辛苦、毫无个人时间的妈妈心情能好吗？一个每天烦躁、疲惫的母亲如何养育出平静自信的孩子？

所以，陪伴的质量和陪伴的状态有很密切的关系。并非陪伴时间越长质量就越好。下面这两种情况，父母陪伴越多对孩子越不利。

一种情况，当父母缺乏教养知识，不了解孩子的发展需要，也不懂得用正确的教养方式与孩子互动时，他们的陪伴反而会对孩子有不利的影响。这也许就解释了，为什么我们这一代人，小的时候父母并不了解那么多的教养知识，也不讲究什么教养的方式，可我们大部分人到现在还挺好，在成长过程中也没有太多太大的问题。因为我们父母那辈人工作很忙基本不怎么管我们，对我们的陪伴也不多，这种放养的模式反倒成就了我们的自由成长。

另一种情况，当父母本身状态不佳的时候，也许减少或避免对孩子的陪伴反而更好。举一个极端的例子：

有抑郁倾向的妈妈对于孩子的陪伴可以说是有害的。孩子小，心灵非常敏感，尤其对成人的情绪会在第一时间感受到，舒服或不舒服，温暖或不温暖，甚至是压抑的那种氛围孩子都能感受到。更可怕的是，由于孩子认知发展的特点，他们往往会认为成人的不开心是由于自己造成的，是自己不够好或做了什么错事而导致了妈妈不开心，并因此陷入了深深的自责或恐惧之中。长此以往，孩子会渐渐将自己的内心关闭，觉得这个世界并不美好，并不欢迎他们，也因此产生所谓"后退"的现象，甚至出现自闭症的倾向。

因此，高质量的陪伴在于成人和孩子是否有舒服的体验和感受，在陪伴孩子之前，成人先要调整好自己，如果不能把一个准备好的自己给孩子，那还不如不去陪伴孩子。

不要用"任务式"陪伴糊弄孩子

有一句话是这样讲的：一个人成熟的魅力是跟老人在一起像老人，跟孩子在一起像孩子，跟狗在一起像狗。虽然看起来有点戏谑的味道，但也从另一个侧面反映了一个事实：如果一个成人与老人在一起能像老人一样思考，与孩子在一起像孩子一样思考，这本身也是一种能力。

父母在陪伴孩子的时候，把自己的那个频道切换成孩子的，站在孩子的角度和立场，跟孩子一样思考，陪伴产生的效果就完全不同了。

如果父母潜意识里把陪孩子看成一项任务，就像每天必须喂宠物遛小狗一样，是一件不得不做的事，那么内心会有隐隐的不耐烦。虽然人陪在孩子身边，但心里想的却是：还有很多事情没做完；孩子咋这么烦人呢；晚饭要吃什么，再不去买菜要晚了；身心都好累啊，谁能理解我呢……

在这样的状态下，父母的内心深处其实是抗拒陪伴孩子这件事的。为了减轻内心的焦躁，打发时间，就会出现一边陪孩子，一边玩手机，或者心不在焉地敷衍孩子。孩子感受到的并不是父母全身心的陪伴，而是被糊弄的感觉。

另外，还有一种是父母比较死板不懂变通，把陪伴变成了任务式的安排，比如某个时间点必须讲故事、某个时间点必须涂鸦，某个时间点必须背古诗。无论什么事情，一旦变成了任务式的重复，孩子就容易厌倦。想要亲子时光更加高效，爸妈可以尝试做个事情列表，每天让孩子从中挑选一两个最想做的，不仅孩子喜欢，亲子互动的效果也会更好。

我们看一个案例：

淘淘的父母属于高知父母，从小对淘淘的教育比较重视，交了昂贵的学费报了全脑开发早教课程。每天下班后，夫妻俩人总会有一个人来陪伴孩子，盯着孩子巩固练习早教课程学过的东西。10分钟时间转魔方，10分钟时间认识闪卡，10分钟点读汉字，最后还要背一些古今中外的名人名言。淘淘开始十分抗拒，他并不想按照父母安排的时间来学习和复习。但淘淘的父母对孩子要求严格，如果在规定的时间内完不成学习目标，就会让淘淘搬个小凳子坐在墙角面壁思过。等半个小时的学习时间过了之后，淘淘想看动画片，而父母却以动画片没有营养、会造成近视等理由加以拒绝。时间一长，淘淘在家人眼里是个小学霸，但到了幼儿园却是另一番景象。当别的小朋友们专注地做手工或画画的时候，淘淘却一刻也坐不住，不是给别的小朋友捣乱，就是呆呆地坐着，不知道自己该做些什么。尤其是老师不去盯着他的时候，他像个小木偶一样，完全没有自主能力。

案例中的淘淘其实是父母在任务式陪伴下给孩子造成了不良影响，这种陪伴并不是陪伴，而是监督和检查，是高高在上的逼迫和压制。如此一来，孩子并不会感受到父母的陪伴，而是一种无形的压力。一旦脱离了这种压力，轻则会让孩子变得没有自我意识，重则孩子会出现加倍捣乱或不守规矩的行动，以释放内心被压制的天性。

所以，高质量的陪伴，是父母要把自己的频率调到和孩子一样，把自己想象成孩子，试着用孩子的眼光去看待这个世界。角色不同，心态自然也不同。暂时忘掉工作，忘掉手机，忘掉各种焦虑，甚至忘掉家长的角色，单纯地和孩子一起发现这个世界的奇妙之处，单纯地和他一起做个游戏，享受其中，活在当下。而不是把陪伴变成一种任务，也不是让孩子完成一种任务还美其名曰说成是陪伴。这样的陪伴说白了是"假陪伴"，父母扮演的不是孩子的伙伴，而多是监督的角色，就是看着孩子写作业，看着孩子读书，看着孩子玩游戏，却并没有真正地融入孩子的世界。

低质量陪伴是一种伤害

既然花时间、全力投入并注意用心陪伴是高质量的陪伴，相对而言，一定有低质量的陪伴。

常见的低质量陪伴除了上面我们提到的父母边玩手机边陪孩子，父母扮演监督角色陪伴孩子以外，还有比这更低质量的陪伴，就是一边陪伴一边抱怨。

比如，有的父母有情绪或者是被孩子缠得没办法，不得不带着不情愿的心理去陪伴孩子的时候，往往会抱怨甚至责骂孩子，如：

"就为了陪你，我这一天啥也没干，可是你呢……"
"自从拉扯你，我都没有属于自己的时间了，不就是为了陪你吗？你还要怎样呢？"
"你就不能自己单独玩会儿，多大了，像个跟屁虫，一刻不停地黏着我，烦死了。"

如果孩子听到父母的这些言论，内心一定会非常受伤，从父母的这些言语中，孩子看到的是父母对自己的不情不愿，甚至还看到了父母对自己的"厌恶"，孩子心里会产生怀疑："父母究竟爱不爱我？"要不然怎么会认为自己像个累赘呢？除此之外，"都是为了你"这句话太重，孩子承受不起，也不该由孩子承担。因为你做出的一切"牺牲"都是在履行做父母的责任，而成为一个父母是你自己的选择，并不是孩子的。

还有一部分父母虽然不去指责和抱怨孩子，却对陪伴抱有期待。比如希望通过自己的陪伴让孩子学会更多的东西，掌握更多的知识，而不是陪着孩子玩。哪怕玩耍在孩子看来是头等大事，但在一部分父母心中认为是"浪费了时间"。

我们看一个案例：

有一位工作很出色的妈妈，平时加班成常态，好不容易抽了周末时间，带着5岁的儿子去科技馆。可是孩子并不想去，他就想让妈妈带他去游乐场玩。妈妈觉得好不容易有空陪陪孩子，得"把时间用在刀刃上"，要能学到东西，才不浪费自己的时间。

到了科技馆，妈妈拉着孩子看了这个看那个，讲了这个讲那个，指着每一个物体前面的说明让孩子认，孩子一脸不高兴，表现并不积极。妈妈还算有涵养，并没有指责孩子，只是全程成了独角戏。她一个人看得十分兴奋，而孩子却闷闷不乐，始终绷着脸，对妈妈感兴趣的东西一样也不感兴趣。最后，回程的路上妈妈还有意考了考孩子，太阳系都包括那些行星？孩子说不知道。天文望远镜用来做什么？最远能看多远的距离？孩子说不知道。结果妈妈非常沮丧地认为，这一天白累了，孩子一点也不配合，还扬言下次再也不陪孩子出来浪费时间了。

这个案例里的妈妈明显没有与孩子同频，她认为的玩并不是孩子想要的玩，虽然花了时间去陪伴孩子，但孩子感受到的不是爱，是隐形的伤害，而且还会对科技馆抱有敌意。认为妈妈时时处处为了逼自己学东西，而不是为了让他开心带他去想去的地方。这就是一种低质量的陪伴。

低质量的陪伴，容易让孩子产生一种错觉：父母爱自己是有条件的，父母陪伴自己也是有条件的。如此一来，孩子会对爱产生怀疑，对自己产生一种不确定的自卑感，觉得自己不值得无条件被爱。换句话说，孩子会觉得只有自己满足父母的某种期望，才配拥有父母的爱。如此沉重的爱，孩子也许情愿选择放弃。

重要的是，孩子们一旦对自己是否值得被爱充满怀疑，将来就会对两性关系，对所爱的另一半没有安全感。这样的价值观和思维认知，将导致要么是一味无底线地付出，要么是各种多疑，导致关系破裂。

所以，陪伴孩子，就要一心一意，让他感觉到你的爱和在乎，感觉到你无条件的爱。不陪的时候也让他明白，无论遇到什么事，你都会和他在一起，而不是明明不想陪伴或没有学会高质量陪伴，却用低质量陪伴去伤害孩子。

提升投入质量的方法和技巧

如何高质量的陪伴孩子也是有技巧的，父母需要不断学习和提升。只要有心，每个父母都能从不会陪伴、不懂陪伴变成陪伴孩子的高手，与孩子共同学习，一起成长。我们具体分享一些可以提高父母陪伴质量的方法和技巧。

第一，在陪伴孩子时，多与孩子进行以他们为主导的游戏。

孩子天生就会玩儿，但是父母不一定天生就会跟孩子玩儿。在与孩子游戏的过程中，父母常犯的一个错误就是以成人自己为主导。通常表现在，父母决定玩什么和怎么玩儿。首先说说父母决定玩什么，并不是说父母不应该决定孩子玩什么，只是说，大部分的父母由于不了解孩子在某个阶段的发展需求，就没有办法给孩子提供适合他们的游戏或者玩具。更常见的情况是，父母没有办法接受孩子自己所选择的游戏。

举个例子：

一个 8 个月大的孩子总喜欢玩从宝宝餐椅上扔勺子的游戏，可想而知，这个游戏往往会让父母很恼火，甚至让宝宝从此被贴上"淘气包"的标签。但是，如果父母知道，8 个月大的孩子不过是因为在认知发展上有了一个重大的进步，懂得了"物体恒存"的理论，孩子们从一次次扔掉又总能被捡回来的勺子身上，反复验证着自己的一个重大发现，那就是：原来不在眼前的东西并不意味着不存在，父母还会那么恼火吗？难道不该为了孩子这一重大成长里程碑而拍手叫好吗？

对于父母来说游戏就是游戏，不过是因为好玩，对于孩子来说，游戏是他们了解和认识这个世界的重要手段，也是他们最终实现独立的准备阶段。

此外，细心的父母也许会发现，孩子会在某一阶段特别痴迷于一种游戏，无论你用什么高级的、精心挑选的玩具都不能减轻他们的痴迷程度。比如，他们对于锅盖和笤帚的痴迷。为什么孩子那么喜欢真实的生活物品，胜过那些昂贵的玩具呢？那是因为和成人一样，孩子在内心深处有很强烈的归属感需求，喜欢模仿成人，喜欢用成人用的用品，喜欢和成人一起做事情，他们想成为我们中的一分子，他们需要感受到自己是归属于这个群体的。

其实，就算父母具备了非常丰富的教养知识，清楚地知道孩子每个发展阶段的需求，也很难正确决定孩子应该玩些什么，因为每个孩子的发展速度是不一样的，想真正了解孩子只能从观察中来。因此，最好的方法就是跟随孩子的步伐，相信他们更加了解自己的需求，让他们决定自己玩什么。如果遇到实在不能让孩子玩的，比如涉及安全隐患的游戏，家长则可以通过判断孩子的成长需求来提供一些替代的材料和活动选择。比如，孩子总爱乱扔东西，这个时候很有可能是他们需要发展自己手臂的肌肉，那么家长可以跟他们一起玩一些投球的游戏，把投球的游戏设计得有创意一些，比如往"树洞"里扔"苹果"，再比如给张着嘴的纸盒小熊喂"面包"等。只要父母的创意足够，又满足了孩子内心的发展需求，孩子们一定会非常乐于参与的。

再说说成人决定怎么玩的问题。成人往往因为更注重结果而忍不住给孩子各种指点，甚至插手帮忙。对于孩子来说，游戏的过程更为重要，当你好心帮助纠结的孩子搭上了最后一块积木时，孩子会很开心吗？还是反而大哭了起来呢？你的举手之劳剥夺了孩子们努力的机会，也摧毁了他们即将建立起来的成就感。因此，在陪伴孩子游戏的时候，尽量管住自己的嘴和手，给孩子创造不被干扰的游戏时间。也许家长又问了：那还要我陪着干吗呢，自己玩不就行了？孩子需要你陪伴的意义在于，他们需要得到关注，在某些时候也需要父母鼓励。

第二，陪伴是对孩子积极关注并及时鼓励。

陪伴过程中，全心关注非常重要。那么有什么方法能让孩子感觉到父母的关注呢？除了收起手机之外，可以不时地用语言描述看到的内容，或者描述孩子在游戏中的每一个小小成就。孩子能感受到父母正在对他积极关注。之前提到过，孩子生来就会迫切地需要父母的关注，他们从关注中感受到爱和安全。如果他们不能为自己表现得好而得到关注，他们就会用"坏行为"来吸引家长的关注。遗憾的是在大部分家庭里，后面的方法却往往更加有效。因此，聪明的做法是一定要更多地关注孩子的好行为，让他们知道你看到了他们做的努力，你在为他们的每一点进步而喜悦，并和他们一样开心。

第三，陪伴不仅仅是游戏，一起做家务也是陪伴。

很多家长认为，陪伴就是陪孩子玩儿，陪孩子做他们喜欢做的事。其实，邀请孩子加入到大人的活动中来，同样会有很好的效果。很多父母都有和孩子一起做饭、打扫房间的经历，回想一下，孩子们是不是格外开心呢？与父母同做一件事，也是孩子需要的归宿感。因此不用担心分身乏术，给孩子分配一些他们力所能及的工作，他们一定会乐此不疲的。尤其是那些活动能力强的孩子，家长一定要学会在家庭环境中，借助家务劳动来帮他们消耗一些精力。还是那句话，无论是家长陪孩子还是孩子陪父母，重要的是你们一起在同一时间做着同一件事，并且享受着这个过程。

第四，多积累游戏素材和有创意的点子，让陪伴更加丰富多彩。

举个例子：

有一次，看到一位当美术老师的妈妈带着孩子在公园里玩，那时正好是秋天，公园里满地的落叶；一般的妈妈可能也仅仅是让孩子疯跑一下，踩踩树叶什么的。可是这位细心的妈妈自己开始捡起了树叶，并根据树叶颜色的深浅把它们排列了起来。她的孩子一看就来了兴趣，也开始捡树叶，不但按照深浅排序，还会按形状分类，后来还吸引了好多小伙伴一起来玩呢，公园里满是孩子们的欢声笑语。

很多时候，孩子的求知欲和创造力是需要点燃的，愿我们都能成为点燃孩子求知欲的那支蜡烛，让我们给予孩子的陪伴既有趣又有益。

投入=固定频次陪伴

为什么投入的频次比投入的时间更重要

父母在追求陪伴质量的问题上,可以借鉴台湾家庭亲子教育的"123"法则。所谓"123"法则,就是每天1次,每次20分钟,父母与孩子做3件事中的任意1种。3件事包括,一起读书、一起玩游戏、一起聊天。多年的实践证明,每天按照"123"法则进行一次高质量的亲子互动,比长时间漫无目的地腻在一起强百倍!

这种法则换种思维去想,事实上就是陪伴的频次。前面我们说了,长时间、低质量的陪伴对孩子也许会造成伤害,所以投入的频次比投入的时间更重要,也更值得父母重视。

对于孩子的影响如何,不仅要考量父母在孩子身上投入的时间长短,投入的频率和投入的质量同样会影响陪伴的效果。

我们经常说,不定期的100分钟,对于孩子来说不如每天固定的10分钟,甚至5分钟。这是因为,固定的频次可以给孩子莫大的安全感,孩子需要对这个世界有一定的可控感,就像最早的秩序感帮助孩子建立对这个世界的信任一样,父母固定频次的出现会让孩子感受到自己可以从父母那里得到持续而稳定的关注,这与时间长短并不那么相关,关键是孩子知道父母总是会在某个时间来陪伴他,更关键的是他们也会因此感受到你为了能在这一固定时间出现而做出的努力,这难道不是一种父母无条件的爱的表达吗?

问过一些家长朋友，保证固定频次的陪伴难吗？能不能做到每天陪伴孩子 5~10 分钟？他们中的绝大多数人都会坚定地点头，只有很少的人会担心自己由于出差而不能陪伴孩子。那我们聊聊出差这种情况。陪伴孩子不是限定要在孩子身边，与父母在一边玩手机，孩子一边玩游戏相比，一个远程的视频聊天对于孩子来说可能陪伴的效果更好。孩子们都是有灵性的，比起你的身体，他们更关注你的心，他们更加渴望的是你深切的关注，就算是从电话中他们也听得出你对他们的关爱。反倒是我们成年人，总会拿形式作为借口，或是受到形式的制约。我曾经建议一位经常出差的父亲，在出差期间每天在电话里给孩子讲 5~10 分钟的绘本，一本书讲不完，就跟孩子说好，记下讲到哪里了明天接着讲。这样既保证了定时的陪伴，也解决了很多父亲不知道要和孩子在电话里说些什么的问题。孩子能在固定时间做一件喜欢的事，而这件事是爸爸与自己共同完成的，孩子即便是通过视频也可以感受到父亲的全心关注和陪伴。所以，陪伴不是只有一种形式，关键的不是时间也不是形式，而是固定的频次，是坚持无论以什么形式都要保证的固定频次。

很多事实证明，10 分钟或 20 分钟的全心互动，比长时间地腻在一起效果好太多。孩子不需要和父母没完没了地待在一起，他们所需要的只是某时某刻，父母的眼里、心里只有他，能发自内心地关注到他。

孩子们不贪心，下班后只需要你用 1 个小时，或者少一点，只要 30 分钟，抛开一切杂念，陪陪这个小人儿，共度一段亲密的时光就够了。

高频次的陪伴能双向受益

有家长抱怨，孩子特别黏人，一旦陪着他玩儿一会，想要脱身太难了。孩子非常机警，总是不让大人离开。

从这个抱怨里可以听出两层意思：第一层是父母人在曹营心在汉，表面上是在陪孩子，实际上总想着伺机开溜。这样一来孩子一定会有所察觉，父母的心不在他身上，陪伴也是一副心不在焉的样子。第二层是孩子一旦表现出难缠或不可理喻的状态，一定是陪伴质量不高造成的。孩子既不复杂也不贪心，如果父母是真心诚意地陪伴了孩子，或者是给予每天固定的陪伴频次，孩子的内心会有满满的安全感，他不会表现出无理取闹，也不会缠着父母不放。

在养成了固定频次的陪伴习惯之后，家长们会因此获得另一个福利。那就是，你会发现每一次的陪伴结束不再那么艰难了，孩子们会乖乖地进入下一个活动，因为他们知道，明天在这个时间，你还会来陪他们，你们还会共同度过一段美好的时光。只有那些不知道父母下次什么时候才会陪伴他们的孩子，才会紧紧抓住当下的机会，拼命抓住父母不放，不肯结束这次的陪伴。而孩子的这种黏人行为，又会使父母因为害怕陷入这样的挣扎而减少陪伴的次数，继而进入一个恶性循环之中。一切的起因难道不都是因为父母吗？孩子又有什么错呢？

很多孩子到了上幼儿园的年龄，但表现出来的专注力并不尽如人意，父母往往愁眉不展地说自己的孩子贪玩、淘气，对什么事情都没有三分钟的热度。事实果真是孩子的问题吗？很多时候是父母没有好好陪伴孩子，造成孩子没有安全感，从而不能把心思放在自己做的事情上，才导致孩子的专注力差。

孩子的专注力不是被培养出来的，而是被保护出来的。请保护孩子的专注力，让孩子从容地做完他投入去做的一项"工作"。而这个前提是让孩子放心父母的存在，不担心父母何时离开。唯有高频次的、固定陪伴时间能给孩子足够的安全感，让孩子放心，把自己的心思专注在自己的事情上。

所以，高频次的陪伴是双向受益的事情。父母不再那么费力陷入无法陪伴、不会陪伴的死循环中，孩子又能收获安全感、专注力。

养成固定频次陪伴的技巧与方法

为了让父母真切感受到陪伴的重要性和时间的紧迫性，我们在家长课堂上做过一个游戏：

测一测一天中你陪伴了孩子多久

首先，拿出一张白纸，将白纸对折一成二，再对折二成四，再对折四成八，再三折，等于24块，我们把这24块纸看成是一天中的24小时，每一格代表1小时，把你每天睡觉的时间撕掉，把工作吃饭的时间撕掉，把你生活中每一天要用的时间撕掉，看一看你手里还剩多少时间在陪孩子和家人，结果有的人剩了5小时，有的人剩了2小时，有的人剩下了1小时不到，还有的人什么都没有剩下……

做完游戏，好多家长都沉默了，平时自己没觉得，原来自己每天陪伴孩子的时间那么少。即使有的人一天到晚都在孩子身边，想到自己经常因为疲累而生出对孩子的抱怨、指责，这种低质量的陪伴，也让很多家长陷入了沉思。

世界越来越大，家庭越来越小。网络社交越来越活跃，陪伴家人的时间越来越少。牵着孩子的手、和孩子一起大笑，那是多久以前的事情了？陪伴孩子，和孩子一起成长，似乎成了我们这个时代最奢侈的事情。陪伴，绝大多数父母的最大难题是没有时间；或者说绝大多数父母不想挤出时间来陪伴孩子。

作为新时代的父母，面临着"421"的家庭格局，为了应付生活，大部分父母都是上班族，孩子只能交给老人照顾，父母可能只有假日才可以抽时间陪孩子。

当然，这固然有社会发展的因素在制约着大部分的父母，不可能完全有时间陪伴孩子。而我在这里呼吁，首先要尽最大努力不让孩子成为留守儿童，那些留守孩子屡屡出事故的报道让每个成为父母的人心都为之震动，如果在赚钱和把孩子留在身边做选择，我认为孩子永远是第一位的。如果我们为了短期的赚钱把孩子完全放任不管，到最后挣再多钱都弥补不了留在孩子身上的伤害和亏欠。

另外，把一天中有限的时间充分利用，就能养成固定频次的陪伴习惯。比如，非常适合培养高质量陪伴的时间段，一天中有这么几个：

第一，早晨起床到出门的这段时间。

一日之计在于晨，当孩子从睡梦中醒来，如果父母这个时候给予孩子是温暖贴心的陪伴和照护，孩子一天都会心情愉悦。比如妈妈用温柔的声音唤孩子起床，亲亲孩子让他感受早晨来了。比如爸爸用开心乐观的状态展示给孩子新的一天要用满满的活力来应对。一家人吃早餐，各自给对方加油，共同面对一天美好的生活。而不应该把早晨宝贵的时间当成"战争"，父母催促，孩子苦恼，然后急匆匆出门，更有甚者还一路指责孩子赖床不起害父母要迟到等。

第二，晚上下班回家吃饭前后的这段时间。

这段时间可以说是陪伴孩子的黄金时间，因为一天结束，可以带着孩子回顾一天的状态，观察孩子是开心还是不开心，如果是已经上了幼儿园的孩子，这个时候最好能听孩子讲讲幼儿园里发生的事情，他有没有帮助别人，别人有没有帮助他，他觉得最开心的事是什么等。在这些问答中，父母不仅能够及时掌握孩子的心理，还能对孩子在人际关系上进行引导，让孩子成长为健康快乐的人。晚饭前后也要让家里充满快乐的气氛，如果吃晚饭时心情不好，会直接影响孩子的肠胃健康，进而影响孩子对营养的吸收。而融洽的就餐氛围可以促进孩子的食欲，让他们对食物充满期待，而且正向积极的家庭氛围能够互相感染，让父母爱上回家，让孩子期待和父母一起进餐。

第三，晚上睡觉前这段时间。

如果前两个时间段父母由于工作原因，无法保证每天抽出固定时间来陪伴孩子，为孩子营造良好的家庭氛围，那么睡前这段时间一定要好好把握。很多孩子养成的阅读习惯，大部分与睡前父母抽出一定的时间来与孩子进行亲子阅读有关。别小看每天固定时间的阅读，这是潜移默化的习惯力量和惯性使然，孩子在不经意间养成了阅读习惯，而且在孩子成人后，他躺在爸妈的臂弯里阅读的场景，会成为他不断回放的幸福片断。

晚上睡觉前是孩子养成阅读好习惯的黄金时间，每天睡前的晚安故事是父母和孩子共享童话世界的美好时光。所以一定要珍惜这段美妙的亲子时光，不过，很多时候，都是妈妈负责扮演讲故事这个角色，其实爸爸给孩子讲故事的效果会更好。爸爸们一定要尝试一下，会有不一样的体会。

如果父母在一天中这三个时间段里用心去陪伴，每次哪怕只抽出 10 分钟或 5 分钟时间，只要形成习惯，也能真正做到高质量、高频次的陪伴，让孩子收获不一样的人生体验。

第四章 教养知识

让孩子学会乐观

父母的教养知识如何影响孩子

老人常言："一个孩子3岁看大，7岁看老。"起初以为这话有些夸张，随着对家庭教育的接触和深入研究，再观察身边的孩子和大人，就明白了"3岁看大，7岁看老"这个道理。

心理学家埃里克森把人的心理发展分为几个阶段，3~6岁阶段是发展主动性，避免依赖、退缩的性格特征；6~12阶段是发展勤奋的优良品质，避免自卑和失败感。在3~6岁阶段发展得顺利，就会培养出独立自主的人格品质，反之则会导致无能力、退缩的生活危机。6~12岁阶段发展顺利，就会培养出自信、独立、乐观和积极的人生态度。看到这里，再对应"3岁看大，7岁看老"，我们不难理解，这是符合一个人发展的规律和心理的。

所以，当孩子有了种种问题，需要在家长身上追责，孩子优秀则是家庭教养方式得当。反之，孩子有了问题则是家庭教养方式的受害者。不论孩子出现了什么状况，问题大多都在我们家长身上。

根据家长的教育知识水平，我们对672名3~6岁儿童的家长做了调研。我们把教养知识拆分为基础教养知识和高等教养知识，并从家长对于这两种教养知识的了解程度和应用状况两方面，对他们进行提问和评分，并将这些父母关于教养知识的得分结果与他们孩子的各方面表现进行相关性分析，试图弄清楚父母的教养知识水平，对于不同年龄段孩子的各项发展到底有什么样的影响，是否存在着某些规律。

更具体来说，我们想看看，不同年龄段孩子的家长教养知识水平会影响孩子的哪些发展方面。最终希望从这些调研的结果中得到一些启示，从而弄清家长的教养知识水平对于孩子发展的重要性和迫切性。

调研结果显示，对于3~4岁的孩子来说，父母的教养知识水平会积极影响他们的身心发展，父母教养知识储备越丰富，孩子的身心发展状况越好。孩子5~6岁的时候，父母的教养知识水平却有可能在一定程度上制约孩子的身心发展，也就是说，父母在这个时期的教养知识储备越多不一定就对孩子的身心状况发展越有利，在某些情况下还可能有一定的制约作用。

在孩子5岁之前，父母的教养知识水平会影响到孩子成长的各个方面。如果对数据进行更加深入的分析，还会发现孩子越小受到父母教养知识水平的影响就越大，在数据上会呈现更高的相关性。如果再把父母的基础教养知识和高等教养知识分开来分析的话，我们还看到，父母的高等教养知识水平比基础教养知识水平对孩子的影响更大，体现在绝大部分类别里呈现出更高的相关性。

孩子5岁以后，出现了很奇怪的现象，家长的教养知识水平对孩子的影响竟然呈现出了一定的负相关性。家长的基础教育知识越多，越可能对孩子的发展产生负面影响。

所以，这就需要父母学习家庭教养方式，提升家庭教养水平。不同的生长环境、不同的家庭，有着不同性格、兴趣、爱好，也会有不同层次、不同素质、不同条件的家长，要因自己的不同去实施对自己孩子的不同教育。只有这样，家庭教育才不至于走弯路，才不会出现让人追悔莫及的偏差与失误，才能够令家庭教育走向成功，让孩子受用一生。

教养知识丰富养娃更从容

通过调研数据我们清楚地看到了，父母教养知识水平会很直接地影响到孩子各方面的发展，那么这些影响到底是如何发生的呢？

首先，教养知识丰富的父母，相对于教养知识匮乏的父母，在育儿过程中会更加自信从容。比如，我们常听的一句话"大宝照书养，二宝照猪养"，充分说明了有了第一个宝宝的育儿经验，对于二孩的妈妈来说已经能够从容面对了。因为生养过一个，所以对于一般的常见问题都知道如何应对，也会对那些随着孩子成长而不断出现的新问题有所准备。父母学习和积累了正确的教养方式，不会因为没有经验使得养娃变得很抓狂。

是否懂得一些教养知识会使我们处理问题的态度、方式和方法不同。比如当你学习了一些关于儿童大脑发育特点的知识以后，就会了解到孩子发怒其实分为高级的上层大脑发怒和原始的下层大脑发怒。在遇到孩子下层大脑发怒时，您就会开动脑筋，使用自己的上层大脑想出一个好方法吸引孩子去思考，把孩子的注意力转移到上层大脑从而熄灭下层大脑的怒火，但如果父母不知道这些的话，则很有可能受孩子所影响，也燃烧起自己下层大脑的怒火，引发一场亲子间的战争。

另外，多阅读一些优秀的育儿书籍还会对父母的育儿观有所影响，会让父母思考很多关于育儿的问题，也会开拓自己的思路，从而把每一个出现育儿问题的时刻都看作是一次教育的良机，甚至愿意尝试一些新的教育方法，或从自身做出一些改变。更重要的一点，如果家长平时注重教养知识的学习，有意积累一些养育中的小点子，还会提高亲子时光的质量，最大限度地建立亲子间健康和谐的关系，享受亲子育儿的过程。

小知识点： **上层大脑和下层大脑**（摘自《全脑教养法》）

上层大脑和下层大脑是《全脑教养法》中提出的两个概念。文中把大脑想象成一座二层小楼，下层大脑包括脑干和边缘区域，位于较低的部分，即从脖子上端到鼻梁的位置。科学家称，这些区域较为原始，负责基本的功能（比如呼吸和眨眼）、与生俱来的反应和冲动（比如打斗和躲避）及强烈的情感。上层大脑由大脑皮层及其各部分构成，尤其额头后面那部分，包括所谓的中部前额皮层。上层大脑控制着一些重要的高级分析思维功能。

我们常看到一些青春期孩子叛逆的案例。家长不敢管，孩子没方向，导致孩子成了问题少年。追根溯源，孩子的问题和孩子6岁前父母如何养育有很大、很直接的关系。青春期是每个人成长过程中很特殊的一段时期，但是只要父母在孩子幼年时与孩子建立起良好的互动模式，那么即便在这个特殊的时期，孩子依然能对家长保持信任和依恋。更重要的是，小时候的亲子相处模式，就像存储在孩子心灵和大脑中的记忆密码，那些温情的时光和那些快乐的记忆，在关键的时刻会牢牢地保护住你们的亲子关系不被伤害。很多教育专家都坦言，从小在教养知识丰富的家庭中长大的孩子，成为问题少年、叛逆少年的概率会大大降低。

所以，家长需要从孩子小的时候开始经营亲子关系。其中包括，多学习教养知识，更多地了解孩子，减少因为不了解孩子而造成的误会。

比如，孩子总是要求妈妈讲同一本书或者玩同一个游戏，如果妈妈知道这是孩子进入了秩序的敏感期，他们需要通过不断地重复来建立安全感和秩序感，那就不会感到很不耐烦甚至拒绝与他们不断地重复，这就是教养知识带给一个妈妈看待孩子问题的眼光和能力，能够懂孩子。如果父母懂得更多的教养知识，就更容易看到孩子行为背后的需求，即便孩子没有清晰地表达出来，但父母会懂。一个从小就能得到父母理解和支持的孩子，他们会相信，不管到了什么时候，父母都是最值得他们信赖的，他们会相信，无论遇到了什么事情，父母都会在他们身边支持他们；他们会相信，无论自己心中的想法多么奇怪，父母都会愿意听到他们的声音。父母和孩子之间那道沟通的大门是一直打开的。

我们不能等到这扇门已经关闭了再试图把它敲开，而是应该从一开始就保持开放的状态。让孩子相信你愿意听到他们的声音，是对他们最大的尊重。举个最简单的例子，在抱起孩子之前先问一句，我可以把你抱起来吗？你不需要期待孩子做出答复，但是你看着他们的眼睛问他们并等待几秒的这个行为，会让孩子从一开始就感觉到，他们的意见是被期待的，他们并不是一件物品，而是和别人一样被平等对待的。从小就把孩子看成是一个独立的个体而平等对待并不容易，这需要父母首先确立自己明确的育儿理念，在不断的学习过程中磨炼自己的教养方式，而这些都是以一定的教养知识为基础的。因此，越早开始教养知识的学习，对孩子越好，对父母自己也越好。教养知识丰富的父母，才能在养育孩子的过程中从容不迫。

学习教养知识，重新认识自己

教育是一种觉醒。在完成自身生命圆满之途上，孩子及其教育是一座桥，踩着这座桥，你回到了你自己。孩子是你的投射之物，教育是你的投射手段。在实现孩子的圆满之中，你必圆满你自己。同样的道理，你在圆满自身的过程中，你的孩子也必圆满。借着你有一个小孩和教育他的机会，在你自己身上下功夫吧，以此来实现人生的圆满。教育是一种觉醒的途径，向外劝导你的孩子，向内劝导你自己。

每一对夫妇，一旦成了人之父母，便有了教养的义务与责任，有了这样的责任就产生了改变的需要。父母要想成为孩子的榜样、导师，就需要不断地学习，并且要更严格地要求自己、改变自己，甚至是重塑自己，而且这也是重新认识自己以及原生家庭的过程。会明白自己为什么是现在的自己，也开始试着成为更好的自己。这就是很多父母说的，感谢孩子给了我们再一次成长的机会。我们也经常会说，要想成为更好的父母，先要成为更好的自己。有些父母认为只要孩子好了，父母就会好，这其实是搞反了，应该是只有父母先好了，孩子才会更好。

孩子成长的过程给了我们很好的启示。从出生开始孩子就会先对自己进行探索和认知，只有完成了对自己的建构，才开始对环境和其他人探索和认知，开始建构自己和这个世界以及他人的关系。父母也是一样，先要对自己有充分的了解和认识，才能更好地与孩子互动。

在学习孩子的9种气质维度时，父母会发现，自己的气质类型其实会在很大程度上影响自己如何判断和对待孩子的气质特点。还有很多父母在学习教养方式时会发现，自己很多对待孩子的教养方式其实是从自己父母那里传承下来的。

比如，我们小的时候经常被父母指责、批评、教育，很多父母恨铁不成钢地说："这是为你好。"

如果你抱怨或是顶两句嘴，他们觉得很伤心："关心你还错了？"

当你听话的时候，他们说："你看，我就说没了我们，你什么都做不了。"

如果你没听话，最后结果不好，等待你的就是最可怕的那句话："你看，我说什么来着？"

总之，父母似乎不会犯错，他们永远是对的。从古至今"我这是为你好"这句话伴随着多少孩子成长。

而这些被家长耳提面命长大的孩子会怎样呢？在听到家长所谓的"我这是为你好"的话，他们的反应是怎样的呢？当父母为自己的婚姻做主时，孩子闹得与父母脱离关系；当家长为孩子报很多兴趣班时，孩子甚至一样都不想学……所有的所有都是对"我这是为你好"最好的讽刺吧！

如果不用新的观念和教养知识来改变这种模式，就会沿袭和传承原生家庭的那一套教养模式，然后如法炮制在自己孩子身上。

在漫长的人生中，我们很少有机会真正静下心来，质疑一下生命中发生的所有事情背后的意义和目的是什么；我们也很少有机会去探究生命的轨迹，这个不可思议的轨道背后到底有没有隐蔽的秩序。

心理学方面有过这方面的研究：

一个女孩子，从小看着父亲沉迷于摸虾捉鱼，宁愿把所有时间都放在这些兴趣爱好上，也不愿意去为自己赚钱交学费，她不理解并且排斥这种做法，可是却在成年后找了个与父亲一样不愿承担责任的，沉迷于种种兴趣爱好中，对孩子与家庭不管不问的老公。

一个男孩，从小在母亲的唠叨、谩骂中长大，一直觉得这样的女性让他很难堪，结果事与愿违，等他结婚后发现自己偏偏找了一个跟母亲极其相似的爱人。

是不是很奇怪？用逻辑无法说通。按理说，女孩不喜欢父亲的类型，一定要找一个与父亲相反的类型，为何最后还是找了一个与父亲一样的呢？男孩不喜欢那样的母亲，为何却偏偏又找了一个跟母亲相似的呢？

心理学把这种说不通的逻辑定义为"强迫性重复"。一方面是我们从原生家庭中习得了这种相处模式，内化了父母给予我们的角色定位和性格特征；另一方面，则是因我们潜意识里都渴望能够疗愈自身，于是我们会不自觉地回到过去的心理状态中，希望能够重新塑造和改变这种互动模式。

所以，当父母开始学习教养知识，也是对自己成长的回溯，能够重新认识自己原生家庭的教养模式，就会改变之前错误的教养观念和自己习得的原生家庭的教养方式，从而不再复制旧有的、错误的教养方式用在自己孩子的身上。当父母们通过学习教养知识意识到了自己的问题时，他们就可以对自己的行为进行调整，把更好的教育方式应用在自己的孩子身上，并把这种好的方式从自己孩子这一代开始传承下去。

所以，学习教养知识的过程，受益更大的往往是家长，家长通过学习，进行反思和提升从而进行改变。教养知识对于孩子的影响是通过父母的改变而实现的，孩子通过父母的改变收获更好的家庭教养氛围和良好的亲子关系，最终成为一个优秀教育的传承者。

教养知识的提升来自反思

家庭的不同、父母言行的不同，深刻地影响着孩子早期的发展，影响着孩子的行为习惯、个性品质、情绪情感、智力水平、学习能力等方面。因此，在谈及教养知识时，我们首先呼吁一种态度——向孩子学习的态度。

父母要想学好教养知识，前提是要学会"反思"，而这正是大部分父母欠缺的。

我们先看一个案例：

有对父母拥有两个美丽可爱的女儿。每当别人向妈妈投去羡慕的眼光，并称赞其有两个好千金的时候，妈妈总是说："哪有你们看到的那么好，尤其是老二让我操碎了心。"原来，在这个家里，父母总是认为姐姐从不让爸妈操心，不会做错事，而妹妹是他们眼中的"问题儿童"。妹妹被贴上不听话、经常惹祸、无缘无故耍脾气、打姐姐等这样的标签，似乎一无是处。而造成孩子这样的情形是因为他们带着姐姐在城市工作，而妹妹从一岁开始便被送到了奶奶家，妹妹直到五岁要上小学了才被父母接到身边。妹妹从熟悉的奶奶家回到陌生的父母家，简直换了一个人。她嫉妒姐姐的玩具，讨厌爸妈对她的生疏，不习惯和城里小朋友的相处，一切都显得那么格格不入。最遗憾的是，父母并没有反思自己的教育问题和孩子内心的抗拒，眼里看到的全是孩子的错。

这个故事不是个案，很多父母在育儿道路上最经常犯的错，就是从来不会反思。

人无完人，天下也没有所谓完美的父母。当我们不小心做错了，伤害到了孩子时，比一味沮丧更重要的是修复和反思。即便是一时气急打了孩子，也不至于罪大恶极。从积极的角度想，如果这仅仅是父母非常偶然的行为，那么这有可能是让孩子体会到父母边界最有效的方法。这也会让孩子看到在真实的世界里，所有的人都会有情绪失控的时候，所有的人都会犯错，但关键是，失控以后怎么办？犯错以后怎么办？这才是父母以身作则示范给孩子看的时候。

就拿打了孩子为例，父母一旦情绪平复下来，需要做的第一件事就是修复与孩子的感情，要跟孩子承认自己刚才犯了错，抱抱孩子，同时向孩子坦承自己的情绪，并向孩子道歉。打人是错误的行为，什么时候都不该做，但是生气是一种正常的情绪，每个人都会有。可以跟孩子说你为什么生气，以及下次生气的时候你准备怎么让自己平静下来等。打孩子造成的负面影响一是会破坏亲子关系，二是会给孩子起一个坏的示范作用，孩子会模仿父母打人的行为。所以，父母要及时补救，不要让负面的影响扩大。

能够做到补救或道歉的父母都是具备教养知识的父母，这也是通过反思不断改善的结果。一个不良的育儿行为或教养模式不会那么容易一下子就改掉，往往需要一个过程。而这个过程的长短则取决于父母反思的深度和改进的决心。我们都不是天生会做父母的，都是从新手父母走过来的，因此难免会犯一些错误，只要我们积极反思，我们就会越做越好。同时，除了对我们做错的事情需要反思之外，我们还要对一些成功行为进行反思。比如，为什么这次我儿子最终放弃了要在睡觉前吃饼干的想法？为什么过去我是用1小时把孩子哄上床，这次只用了半小时？为什么今天孩子晚饭吃得又快又好？通过反思，强化好的行为，做有心的父母既高效又有成就感。

除了反思之外，还要向我们的孩子学习。首先，我们从孩子身上学习如何了解他们，学习的方法是观察。从观察者的角度更容易客观地看清孩子，可以看到他们最近喜欢做什么，从而了解到他们所处的成长阶段，比如孩子正处在哪个敏感期；可以读懂他们想通过某些行为向我们表达的需求。另外，我们还可以向孩子学习坚持，看到他们遵从自身发展的需求，一次次不懈地尝试和挑战自己，我们也能得到力量；看到孩子在画画的过程中感受着不同的色彩和线条并不是那么介意最终能画出什么，我们学会了享受过程的乐趣；看到孩子轻易就原谅了我们对他们犯的错，我们学会了善良和包容……是孩子教会了我们在旅途中学会欣赏风景，是孩子让我们的人生充满了希望和美好。

向孩子学习，他们身上潜藏着不可限量的可塑性！
向孩子学习，他们有巨大的发展潜力以及不可超越的学习天赋！
向孩子学习，他们有无限旺盛的精力以及对一切未知世界的好奇！
向孩子学习，他们有洁白无瑕的纯真以及随时进入新状态的无忧无虑！

因此，千万不要错过这位优秀的老师——父母要相信，孩子是没有问题的，他们的唯一问题就是遇见了什么样的父母、走进了什么样的家庭。

学习教养知识的几个原则

前面提到了教养知识对孩子的影响，以及学习教养知识对于育儿的重要性。那么，父母在学习教养知识时需要注意哪些原则呢？

第一，父母对于教养知识的学习需要具有前瞻性。

孩子的成长具有不可逆性，不像我们做错了一件事能推倒重来，孩子的成长不给父母这样的机会。所以，对于教养知识，家长越是提前知道并做好准备，就越是能更好地支持孩子的各种发展需求。比如，家长如果掌握了孩子各个发展阶段的敏感期，就会对孩子在不同阶段出现的敏感期有所察觉并给予相应的支持：在孩子语言敏感期开始的时候，多跟孩子说话，给孩子准备一些关于事物名称的书；在秩序敏感期，就能懂得为什么孩子对父母咬了一口自己的苹果或饼干不依不饶；在自我意识敏感期，父母就会懂得孩子为什么总爱说"不"等。所以，教养知识越早学习越好。父母具备前瞻性，这对于孩子和整个家庭教育来说，都是一件功在当下利在未来的事。

第二，对于教养知识内容的学习既要重数量，更要重质量。

所谓知其然还要知其所以然，比如在知道方法之后，再钻研一下方法背后的原理，这样在实际操作中就会更加有效。比如，关于"积极暂停"，孩子犯了错误以后，让他坐在凳子上反省之后还有很多的重要步骤，如果不是对积极暂停这个方法背后的心理学原理很了解，就很可能忽略一些重要的步骤。比如，最后那个爱的抱抱是为了让孩子感受到你对孩子无条件的爱，你不能接受的是他的问题行为，但你对他的爱是无条件的。只有这样孩子才会在不受伤害的同时乐于做出改善的尝试。

第三，家长要善于从自己的实践和反思中学习。

任何知识，再多的纸上谈兵都没有用，关键是学以致用，将学到的知识用于自己的养育过程中，不要担心犯错，不要质疑自己能不能做得最好。我们永远都不可能做到完美，但是我们的每一点进步对于孩子都是绝对有益的。

第四，通过教养知识的学习更好地觉察孩子。

教养知识丰富的父母，就能对孩子有更多的觉察。有觉察的父母，都会在每个念头里，注入洞察和觉醒，并且只会关注自己和孩子关系的本身，不会从外在去寻求答案。有觉察的父母，能够把孩子身上所有挑战性的行为，视为一面镜子，映照出自己的问题。有觉察的父母，能够在情绪来临的时候，觉察到这个情绪念头是由什么引起，真的是孩子引起的吗？或是单位的事情、夫妻的事情以及其他的事情引起，只是到了孩子这个地方，孩子的一个行为点燃了你之前累积的火山般的情绪能量？

第五，对于教养知识要有选择性和鉴别能力。

随着信息的泛滥和资讯的应接不暇，家长学习教养知识不一定要迷信权威，但是那些经过时间考验的知识内容和一些已经形成体系的成熟教养方法更加具备学习的价值。很多教育理论是相通的，只不过是从不同的角度来解读而已。而且很多核心的原则都是一样的，像蒙台梭利理论强调的要尊重孩子，实际是所有的教育理论都会强调的，只是表达父母对孩子尊重的方式不同，我们观察孩子是为了尊重他们，我们倾听是为了尊重孩子，我们给孩子制定规则也是因为尊重他们。关键是抓住各种知识的核心信息，做到心中有数。

这几个在学习教养知识过程中需要注意的原则，是帮助父母提高学习效果和效率的钥匙。

第五章 教养方式

孩子自信的关键

教养方式的定义

教养方式是指父母在与孩子互动过程中呈现出来的态度和行为方式。父母的教养方式对孩子未来自己的亲子模式以及他们与其他人之间的人际关系有直接的影响。

在六星父母成长模型父母性格那个维度中，分别有力量型、活跃型、和缓型和敏感型的父母，而教养方式其实直接受到父母性格的影响，但是父母掌握的教养知识会对教养方式形成影响，或能对偏弱部分加以修正。所以，这六个维度是互相影响、彼此依存的关系。

力量型的父母很容易形成强权型的教养方式，因为他们本身就比较注重权威，并具有很强的支配欲，所以在教育孩子的过程中难免会出现强权行为，如强迫孩子做某件事情、不注重孩子的感受而直接批评或指正孩子的行为等。但具有这种性格的父母在通过各种渠道，学习到很多教育孩子的方式和知识的时候，会针对自己性格中的优势加以发扬，性格中的劣势加以规避。

力量型父母在明白了自己的劣势，了解到应该多关注孩子的感受时，他们在以后的教养行为中会表现出温和、善解人意的一面。那么这个时候，强权型的教养方式就会转化为关爱型了。随着父母对自身认识的不断提升，对教养知识的学习更加深入，教养方式也在向更好的方向发展。

很多父母会觉察到自己教育孩子的方式似乎和小时候自己的父母与自己互动的方式十分相似，这就是教养方式的代际遗传。教养方式的核心是对孩子思想以及情绪情感的对待方式，如果我们可以尊重孩子的自我边界、思想以及情绪情感，那么孩子的自信心就会建立得很好。

教养方式有很多分类方式，国内外很多学者也对此做过研究，我们从实用角度和便于理解的角度进行整理归纳，并做了相关的数据调研，把教养方式分为五类。当然，给教养方式分类的意义在于描述教养行为，而不是去固定家长的教养行为。例如，我们希望家长意识到在自己的教养方式里哪种类型比较多，而不需要家长认为自己就是某种类型。这点很重要，我们讲教育孩子不能给孩子贴标签，同理，家长也不能因为这五类教养方式给自己贴标签。这五种教养方式分别是：

强权型：以家长的意识为主，不顾及孩子的情感和感受，要求孩子对自己的意愿绝对服从。认为父母的权威高于一切！

关爱型：关注并及时响应孩子的情感需求，注重培养与孩子之间情绪情感方面的互动。认为让孩子感受到父母的关爱胜过一切！

民主型：信任孩子，并愿意与孩子进行平等沟通及尊重孩子的意见。认为家庭中每一个人都应该被平等对待！

宠溺型：完全以孩子意愿为重心，不愿意对孩子的行为进行控制与管理，所以会对孩子有过度保护、偏袒、溺爱的行为。认为爱孩子就要完全顺从孩子。

忽视型：不关心孩子的身心发展，对孩子的行为和需求视而不见，采取放任忽视的教养态度。认为自己有更重要的事情要去做！

在这个定义中，我们提高了父母在教养方式方面的主动性，我们会用父母认为的句式来定义每一种教养方式，并没有指责父母的意思，而是想更多地传达通过觉察和努力，父母的教养方式可以发生变化，从而向更好的一面、更利于孩子成长的一面去发展。下面我们对不同的类型逐一展开论述。

强权型教养方式

强权型，从字面上我们可以看出来，这类父母具备强大的权力意识，要求孩子绝对服从自己，对孩子的要求很严厉，提出很高的行为标准。

以家长的意识为主，不顾及孩子的情感和感受，要求孩子对自己的意愿绝对服从，认为父母的权威高于一切！这类父母在教养孩子的过程中比较简单粗暴，现在这类父母比较少。有很多父母只是偶尔会出现这种行为，频率并不是很高。

这类家长心中秉持着"孩子不打不成器"的信念，或者认为只有经过严格训练孩子才能有出息，长大后才能有所作为。所以常常对孩子提出不切实际的要求，会忽略儿童身心发展的特点和规律，强迫孩子按照自己的方式去做事。强权型父母对子女的行为有较高的要求和标准，这些要求和标准甚至于不近人情，而且对子女的反应较少，缺乏热情，强调子女顺从，崇尚权威和传统，等等。这种抚养方式使孩子表现出较多的焦虑、退缩及反抗等负面情绪和行为，自我调节能力和适应性都比较差，缺乏社会责任感。长此以往，将会与父母关系疏远，并产生叛逆心理。

我们看一个强权型父母的案例：

晚上，孩子在看漫画书，妈妈开始布置"任务"。

"英语好像没听读吧？"妈妈问。

"听读了几次了，你自己没注意听。"孩子嘀咕着。

"拿出点读机，再听几遍。"妈妈吩咐道。孩子不太情愿地放下了手里的漫画书，拿出了点读机。

"20页到23页听5次，读两次。"妈妈说。孩子叫了起来："要读四页呢，我不想读！"

"只有短短10句话,一遇到学习的事,你就犯懒。"妈妈皱起了眉头。

孩子又叫道:"看漫画书也是学习呀,我能不读吗?"

妈妈有点上火:"叫你读一次就这么难吗?这么一点点东西?"

孩子依旧不服软:"不读,就是不读!"

妈妈摆出了不依不饶的架势说:"今天你不读就给我站在这里,什么事也别想干。什么时候会读了再出去玩!要不就不要吃饭。"

孩子的眼圈红了。这时,一旁的爸爸也没忍住地叫起来:"今天你不读英语,就永远不准玩iPad!"这一招果真有效,孩子的眼泪一下喷涌而出,口气也马上软了下来:"妈妈,我读,我会读。"但是明显带着很大的委屈。之后一边哭,一边点读。

"要读就给我认真点,不准哭!"妈妈命令道。可是孩子竟然越哭越大声,而且一直哭个不停。妈妈火了:"你再哭,去站在门外哭去,听了心烦!"孩哭得更凶了。这时候,气头上的妈妈朝着孩子的屁股上狠狠踢了两脚。最后,孩子"认输求饶",憋着眼泪不敢再哭,认真读完了英语。只要两分钟的事情,一家三口整整闹了一个小时,闹得大家都心烦气躁,闹得孩子挨打挨"处分"才最终收场。

案例中,妈妈并没有变通的方法,而是用强硬的态度和孩子必须服从的教养方式,最后闹得孩子和家长都不愉快。

强权型教养方式会压抑孩子的情绪和想法,对孩子将来直接产生的影响就是抑郁或焦虑。

在咨询的案例中,有一些职场人士,他们从事工作2~5年,大部分的困扰来自不敢向老板表达自己的需求和想法,在老板面前不知道该怎么办,在人际交往中更喜欢那些温和而没有攻击性的人,对那些说话直来直去的朋友很多时候感觉不适应，而且不喜欢与人竞争。

综合分析这些行为和心理，我们发现这与小时候父母的教养方式有一定的关系。孩子在走入社会遇到的一些权威人物和自己的强权型父母有很大的相似性，如老板、专家、警察、比较厉害的同事等。所以当遇见这些人的时候，他就如小时候害怕父母一样害怕和这些人相处，在这些人面前变得不知道说什么好。同时由于强权的养育方式具有一定的压制性，长期处在这种教养方式下的孩子会害怕竞争。长大后在人际交往中不敢发表自己的意见和看法，往往对自己喜欢的东西也很难鼓起勇气去争取。

还有另一种结果就是容易造成孩子超强的逆反心理和反社会品格，特别是在青春期，这类孩子如果逆反起来，家长往往是无法管理和沟通的，会给那个时期的亲子教育带来很大的影响。反社会品格是指行为和言辞具有明显的攻击性，挑战社会规范，对社会总有各种不满，有可能还会产生违法、违纪行为。

看看数据怎么说

强权型的教养方式对于3~4岁孩子的身心状况、倾听与表达方面有消极的影响。这个很容易理解，就算是我们成年人，天天被这样对待也会受不了。

对于4~5岁的孩子，在生活习惯与生活能力、倾听与表达、人际交往、社会适应、科学研究、表现与创造方面有消极的影响。

对于5~6岁的孩子，在身心状况、生活习惯与生活能力、倾听与表达、阅读与书写、人际交往、社会适应、科学研究、感受与欣赏、表现与创造方面均有消极的影响。

所以我们建议，在教养方式中强权方式用得多的父母，尽量多站在孩子的角度想问题，多听听孩子的意见，多顾及孩子的感受。尽量使用参与而非命令的方式来影响孩子,并鼓励孩子提出自己的意见和表达自己的想法。注意和孩子之间的边界,尊重孩子的自主权,与孩子共同制定和共同遵守规则。

要时刻提醒自己:不要经常用成人的眼光苛求孩子,对孩子提出不切实际的要求,强迫孩子按照自己的方式办事,并且对不能满足期望的行为表现出强烈的不满。要学会满足孩子的合理需求,玩和学有效地结合在一起,发现孩子的兴趣,不要只为了自己的标准而压抑孩子正常合理的发展需求,同时应该多学习一些孩子身心发展的知识和相关的教养技巧。此外,还要注意公平,我们见过很多家长一边打着麻将或玩着手机或看着电视,一边告诉孩子要好好学习,一旦不公平,孩子就不会信服父母。

关爱型教养方式

关爱型的教养方式具体表现为关注并及时响应孩子的情感需求,注重培养与孩子之间情绪情感方面的互动,认为让孩子感到来自的父母的关爱胜过一切!

成长在这样互动方式中的孩子是幸福的,他们能充分感觉到自己的价值,感觉到自己是值得被爱和尊重的,同样在将来的人际交往中也会有很好的表现。他们不会过度敏感,不会怀疑自己在人际交往中的价值,很少去猜忌或过度地讨好别人,也就是我们常说的温暖且情商很高的那类人。

关爱型的父母会给予孩子温暖和爱,让孩子身心都感受到安全。

关爱型的父母能够带给孩子三个层次的安全感,第一层是物质养育上的安全感,会满足孩子基本的吃穿用度,对孩子提出的合理要求会尽可能满足，既不哭穷又不炫富，能够在自己能力范围内引导孩子正确消费。第二层是让孩子在精神上有安全感，确信"我是被爱的，我很重要，我会被很好地照顾，我不会被抛弃"。父母不会迁怒于孩子，任何情况下都不会说出过激和伤害孩子的话。偶尔因为情绪不好让孩子受了委屈，会道歉求得孩子谅解，非常在意孩子的内心感受。第三层是让孩子有放开手脚、敢于探索外界的安全感。关爱型的父母知道，孩子总有一天要从原生家庭中分离，对外部世界的探索不会停止，一个有安全感的家会给孩子足够的勇气。凡事会让孩子去尝试，并且会告诉孩子无论遇到什么困难，家是永远的后盾，父母永远爱你。

当然，我们对长期使用关爱型教养方式的家长也会有一些建议，在孩子的技能发展以及自我独立性方面应该多给予一些关注，这样对孩子未来的发展就更为有利。总而言之，这类教养方式是非常积极和正向的，多多益善。

看看数据怎么说

关爱型的教养方式对于3~4岁孩子，无明显消极影响。

对于4~5岁的孩子在表现与创造能力方面有积极的影响。对于5~6岁的孩子没有明显的消极影响。这些数据至少可以提醒家长在孩子4~5岁这个阶段，要让孩子感觉到被关爱和多一些情感情绪上的积极互动，以提升孩子的表现与创造能力。

民主型教养方式

民主型教养方式具体表现为父母信任孩子，并愿意与孩子进行平等的沟通，尊重孩子的意见，认为家庭中每一个人都应该被平等地对待。民主型的教养方式会让孩子感觉到自己是一个独立的个体，可以有自己的想法和行为，这对孩子的独立性有着积极的影响。

使用民主型教养方式的父母不会去压制和强迫孩子，他们会以理服人，用讲道理、摆事实的方法使孩子心悦诚服地接受。他们会针对孩子学习与生活中存在的具体问题去讲道理，去指引孩子前进。他们在教育孩子过程中绝不以势压人，即使孩子一时想不通，他们也允许孩子有个认识过程，不会操之过急，强行让孩子接受。

我们看一个民主型教养方式的案例：

有一对夫妇是北大高才生，他们对自己的学历和文化素养很自信，在教育孩子上也比较民主。他们不会强迫孩子去学习，而是告诉孩子："孩子，你的基因没问题，是一个学习的料，爸妈爱学习也很优秀，后面的成长就看你自己了。"孩子听了父母这样说，内心就有了一个信念，自己是自带优秀基因的孩子。无疑孩子被贴了一个正向积极的标签。当其他家长给孩子报各种课外班、补习班的时候，他们的孩子可以自由选择，可以选自己感兴趣的东西，也可以选自己喜欢的学习方式，比如远程教学、App教学，不一定非去辅导班上课。孩子喜欢二胡，虽然有人说二胡这个乐器没有钢琴那么优雅，但父母依然支持孩子去学。

有的家长问他们："你们给孩子这么多的自由，就不怕孩子只顾着玩耍耽误了学习吗？"当然，这种情况是不存在的，越是民主的家庭，孩子反而会越自觉，尤其看到父母都喜欢读书，家里的藏书也多，孩子自然而然感受到了这种学习的氛围，父母读书，孩子可以选择玩也可以选择读书，他很自由，而且孩子自己也会认为自己很优秀。如果说孩子睡懒觉，父母想让孩子起床，就会跟孩子商量。父母要求孩子起床，那么孩子就可以要求老爸不能在家里抽烟。这样就可以通过民主的方式来解决问题，大家相互尊重。这个孩子不但遗传了父母的优秀基因，最重要的是在父母民主的教养方式下，变得自由乐观，积极向上。

在民主型教养方式下长大的孩子，会尊重别人的意见以及价值观，他们的包容和接纳性更好，我们会在他们身上感觉到轻松和自由，与他们交往我们自己也会感觉到轻松和自由。这类孩子长大后意志力普遍高，因为他们意志被得到了充分的尊重。他们的求知欲、好奇心同样也都有很好的表现，在生活中很少出现犹豫不决、纠结不定的情况。

我们对民主型父母的建议就是，要避免对孩子的过度民主，在家庭生活中要意识到规则的重要性。因为民主很容易过渡到放任，关爱很容易发展到溺爱。

看看数据怎么说

对于3~4岁的孩子在生活习惯与生活能力、阅读与书写、人际交往、社会适应科学研究方面均有积极的影响。

对于4~5岁的孩子，在身心状况、倾听与表达、阅读与书写、人际交往、社会适应方面均有积极的影响。

对于5~6岁的孩子没有明显积极或消极的影响，其实这个年龄段的孩子自我感已经很强烈和明确了，所以这个时间更应该采用民主的教养方式。

宠溺型教养方式

宠溺型的父母表现就是对孩子爱得没有原则。爱孩子但对孩子缺乏应有的管束与控制，哪怕孩子违反规则，父母也很少发怒或训斥儿童。完全以孩子的意愿为中心，不愿意对孩子的行为进行控制与管理，所以会对孩子有过度保护、偏袒、溺爱的行为，认为爱孩子就要完全顺从孩子。

我们发现，如果家庭把孩子放在高高在上的第一位，那么孩子将来发生各种心理问题和困扰的可能性就会大很多。这类被溺爱长大的孩子独立性、社会适应能力、人际交往能力、自控力等方面的表现都不是很好。他们总觉得自己应该被照顾，一旦要求得不到满足，受挫感就特别强烈，他们还会表现出太娇气和不耐烦的生活状态。要么对外挑剔，觉得一切都不好，不能满足自己的需求；要么就是对自己攻击，觉得自己一无是处，从而自卑退缩。

在咨询案例中，很多宠溺型的孩子是父母带着来咨询，然后对父母表现出极大的愤怒和不满，而父母总是显得唯唯诺诺、小心谨慎，生怕自己哪儿做错了。就算是孩子到了青少年时期，即使是在咨询室里，你也会发现父母依旧对孩子照顾得无微不至，咨询过程中提醒孩子喝点水，甚至经常帮孩子表达，当孩子对他们发怒的时候，父母就会露出幸福但又难为情的笑容。

咨询结束后总是缠着老师说自己的孩子是多么多么优秀，而且当孩子开始独立咨询的时候，他们也总是不断打听孩子说了什么，还不断授意和暗示心理老师要把自己的意图传递给孩子。说直接点，父母也是想通过咨询师的嘴巴继续改变和控制孩子。宠溺型的家长其实是在控制自己的孩子，他们不让孩子拥有独立的人格，这样就能长时间待在自己的身边接受自己的关照。

我们看一个案例：

一位妈妈带着6岁的孩子坐地铁，孩子胖墩墩很可爱，个子也高。妈妈进了地铁发现没有空座，于是就跟一位坐着的乘客说："能不能把老幼病残孕专座让出来，我家孩子要坐。"乘客看了一眼这位妈妈，又看了一眼身边的孩子，非常不情愿地站了起来。妈妈连忙拉过自己的孩子把他按在座位上："快坐宝贝，一路累坏了吧？"孩子只顾自己拿着手机玩，妈妈一会儿用吸管杯喂孩子水喝，一会儿又问孩子要不要吃点东西。孩子头也不抬，也不回应妈妈。打游戏打到激烈的时候，孩子手舞足蹈，脚不小心踢到了一位站在旁边的乘客，乘客有些不高兴，往一边挪了挪脚步。这位妈妈小声嘀咕了一下："事儿真多，不就是孩子无意中踢了一下嘛，能怎么着？不能忍就坐私家车，别来坐地铁嘛。"旁边的人看到这位妈妈的做法，都露出了鄙视的眼神。

案例中的妈妈就是典型的宠溺型家长，这样的家长认为自己的孩子是天下第一重要的，爱没有原则和是非，失了尺度，这样反而对孩子是一种伤害与错误的指引。

我们再次提醒家长：第一，不要让孩子成为家庭中的特殊人物，或中心人物。第二，不要无条件或没有任何限制地满足孩子的任何物质或心理方面的需求。要鼓励其独立性和训练孩子的延迟满足能力。第三，让孩子参与到家庭事务和劳动中来，不要因为怕孩子累，或者家长怕麻烦而不给孩子劳动的机会，这样等于剥夺了孩子的参与感，他会觉得自己不配拥有。第四，对孩子的言行要有规矩，不要让孩子成为特权阶层，想说什么说什么，想干什么干什么，这样不利于孩子形成正确的价值观和认知体系。第五，不要无边界地宽容和袒护孩子的弱点和错误，这十分不利于孩子的人际能力和解决问题能力的发展。第六，老师以及其他长辈对孩子的意见或批评要能客观对待。

总之，父母应该适当尊重孩子的意愿，鼓励孩子的自主性和行动能力，尽量让他们承担更多的责任，并培养他们自主解决问题的能力。父母应该控制好自己对于孩子的感情，要理性去爱孩子。

看看数据怎么说

宠溺型的父母对于3~4岁和4~5岁孩子无明显消极或积极的影响。但是对于5~6的孩子，在身心状况、生活习惯与生活能力、倾听与表达、阅读与书写、人际交往、社会适应、科学研究、感受与欣赏方面均有消极的影响，因为孩子开始独立了。所以，父母应根据孩子不同的年龄段，及时调整和改变自己的行为方式。

忽视型教养方式

忽视型教养方式表现为不关心孩子的身心发展，对孩子的行为和需求视而不见，采取放任忽视的教养态度。父母一般会把重心放在自己认为更重要的事情上去。一般与孩子在一起的时间很少，有时会对孩子流露出厌烦、不愿搭理的态度。

随着社会的进步、经济的发展，这类忽视型的教养方式越来越少了，在我们国家经济发展初期，很多父母为了工作或者是做生意确实没有时间去关心孩子，导致孩子的身心需求在一定程度上被忽视，这对孩子长大以后的生活有一定的影响。

忽视型教养方式的家长会更多地采用不闻不问放任自流的态度。他们相信"树大自然直"或者"船到桥头自然直"，对孩子的很多行为不去关注和管理，甚至有的家长从不过问和观察，当然也不会采取任何有意义的行为。这种方式和强权型的、宠溺型的教养方式一样不可取，至少不应该高频率出现。

家长应该认识到孩子教育的重要性，并意识到对孩子的教育应该负有责任。对孩子的教育采取顺其自然的态度的基础是充分了解孩子的身心发展规律，并给予不违背规律的教育和管束，这样对孩子的发展才是最有利的。不然的话孩子会感觉到被忽视，父母的冷漠会让孩子感觉自己不够重要，不值得被爱，会没有安全感。这样的孩子长大后在人际关系中也是冷漠的态度。他们的另一面是自己做得特别好，对别人也特别好，他们的内在逻辑是，我对别人如此好，别人也应该如此对我，但是在人际关系中这个逻辑似乎不总是成立的，所以他们会感觉受挫，又会引发自己不受欢迎的思考。他们往往也会很努力，但是经常感觉到心有余而力不足，这是他们从小得到的支持和关爱比较少的原因造成的。

我们看一个案例：

有个男孩回家和父母说班级里的小朋友给他取外号，叫他"意大利棒棒糖"，他非常讨厌这个称呼。每当别人喊这个外号的时候，他都捂住耳朵，每天不想去幼儿园。爸妈听了不以为然，对孩子说："取个外号也没什么呀，'意大利棒棒糖'又不是很难听，别大惊小怪，让他们叫好了。又不是挨打受委屈，别人叫个外号没关系。"孩子发现爸妈并不理解自己，心里十分委屈。最后发展到有的小朋友向他动手他也不敢跟老师说，回家了也不再对父母说。孩子认为自己做什么都是大惊小怪，爸妈并不会理解自己。发展到后来，孩子精神极度紧张，出现了尿床和口吃的现象，爸妈却认为是孩子越大越倒退，还数落孩子。

这个案例中的父母采用的就是忽视型的教养方式，他们并没有去真正关心孩子的内心感受，在孩子认为已经受到伤害的时候，父母竟然轻描淡写地认为是孩子自己事儿多，这样导致孩子出现了轻微自闭，不再向父母敞开心扉，独自承受着巨大的心理压力。

忽视型的教养方式培养出来的儿童比较容易有妒忌心、情绪不安、兴趣狭窄，在群体中比较难找到自己的归属感。企业中很多参与感比较差、归属感很难建立起来的员工有一部分是这个原因。另外，这类孩子父母没有给予必要的行为准则和强化，长大后也容易缺乏社会责任心。

因此，父母应该更加积极地参与到孩子的成长过程中，并给予充分的关注和支持，让孩子感受到来自父母的爱和关注。毕竟在孩子生命的早期，没有什么比父母对于孩子的有效陪伴更加重要。而这个关键时期的陪伴在孩子6岁以后是很难弥补的。

看看数据怎么说

对3~4岁的孩子无明显消极或积极的影响。对4~5岁孩子的表现与创造能力有积极的影响。对5~6岁的孩子无明显消极或积极的影响。

这个数据会不会让父母觉得不管反而会更好？当然不是。我们对这些数据均有进一步的研究和调查，在忽视型的教养关系方面，极少有父母完全符合这个定义。因为随着经济的发展、文化的进步，大家意识到了孩子教育的重要性，都会抽出时间来教育和陪伴孩子，而且现在托管机构也很多，孩子在里面也能得到很好的教育。所以这组数据中的忽视型其实是指父母没有更多的时间、更充分地参与到孩子的教养当中来。同时我们确实可以发现减少对孩子的干扰，适度地管教孩子，比不懂得孩子身心发展规律而盲目地实施管教还要有益处。因此，在了解孩子身心发展规律的前提下，适度地参与到孩子的成长当中去对孩子是最有利的。

当然，任何教养方式都可以通过对自我性格的觉知、教育知识的掌握做出很大的调整和改善，父母在这方面要多多努力，以更好地促进孩子的健康和快乐成长。

最好的教养方式

最好的教养方式就是父母能够认识和学习到自己属于哪种教养方式，然后根据自己的教养方式，放大其优势，尽量规避劣势，取长补短，最终让自己学会成长，让孩子受益。

强权型的父母的优点是果断，为人有毅力，不达目标不罢休，那种虎妈、狼爸多数属于强权型父母。他们会让自己的孩子学习到组织能力、领导能力、坚忍不拔的毅力。在这样的养育方式下，孩子一般会合理安排时间，很少被溺爱，做事有效率，懂得珍惜时间。强权型的父母在给孩子定规矩、督促孩子学习和认真对待立下的誓言和目标时，就会很有权威感，易于让孩子遵守。同时，也要对自己的劣势加以控制和调整。比如，强权型的父母太过于控制孩子，可能会引起孩子反叛、抗拒的心情，使亲子关系恶化，而且还可能让孩子变成"讨好者"。孩子可能为了讨父母的欢心，希望寻求父母认同，克制自己内心的想法，而努力达到父母的期望。这样的孩子，有秩序，无自由。

所以，当强权型的父母能够发挥自己的优点，改变自己的劣势的时候，带给孩子的就是非常好的教养方式。

关爱型的父母优点很明显，我们从字面上就能看到，会对孩子积极关照和爱护，能带给孩子十足的安全感。具备关爱型教育方式的父母一般性格平稳，在教养孩子上，爱得多，控制得少。如果父母对照发现自己属于关爱型的教养方式，那么从孩子小的时候开始就一直延续这种风格就好。谨记不能因为太过关爱而让孩子不守规矩，真正爱的方式就是规矩＋自由。

民主型的父母的优点是尊重孩子，在孩子面前讲民主，平等地对待孩子，和孩子之间有很好的沟通交流，亲子关系融洽，亲子氛围温馨美满。这样的养育风格下，孩子有责任感，拥有充足的爱和安全感。这样的孩子有秩序，在有限的自由里能够体谅别人，会拥有平和友好的性格状态，情绪不激烈，对人、对事也会是尊重多于挑剔。民主型是一种值得推崇的教养方式。

宠溺型父母对孩子的教养方式是爱太多，控制太少，一不小心就容易把孩子惯出浑身毛病而不自知。他们倾向于满足孩子所有的愿望，无论是合理的还是不合理的，很少加以控制。如此，就会让孩子没有责任意识，唯我独尊不善于合作，较少有同理心。当然，宠溺型父母首先是爱孩子的，会给孩子很多自由和安全感，这种爱只是没有控制好"度"而已。如果父母发现自己属于此类教养型，那么在爱孩子的时候就要遵守一些必要的原则，不能让爱泛滥，有意识地给孩子定一些规矩，不要无限宠溺孩子。

忽视型的教养方式，不夸张地说应该算是最糟糕的一种。父母表现出来的是对孩子的情绪不够重视，不但无法与孩子共享情绪，反而会希望孩子的情绪尽快消失。对孩子想要表达什么没有兴趣，也缺少倾听孩子的耐心和兴趣，重点多放在如何让孩子消灭情绪，而不太关注情绪本身。较少对孩子产生同理心，也无法正确地理解和支持孩子的情绪（无论积极的还是消极的）。这类型的父母往往自我调整能力不佳，在面对孩子的问题时也没有积极策略，所以选择漠不关心的忽视态度。并不是所有的忽视型家长都对孩子的情绪丝毫不敏感，事实上，很多父母能深深地体会孩子的感受，却因为出于急切保护孩子的本能而做出不合适的行为。他们认为消极情绪是有害的，因此不想让它们在孩子身上出现。他们认为，长时间地停留在消极情绪中是不健康的。如果他们能和孩子坐下来共享情绪，那他们的关注焦点也仅仅是如何能快点把孩子从这种情绪中转移出来，而不是关注情绪本身。

所以，如果父母觉察到自己属于忽视型的教养方式，就要有意识地去学习教养知识和技能，多积累经验，慢慢提升自己的思维和认知，给孩子更好的教养方式，和孩子共同获益。

针对不同类型的教养方式，如果能做到好的就积累践行，不太好的就努力改变，那么离最好的教养方式就不远了。

第六章 家庭规则

让孩子责任心更强

规则对于孩子到底意味着什么

我们常说对孩子最好的成长环境是爱和自由，那我们怎么保证孩子能获得爱，能够在自由中成长呢？我们必须依靠规则而不是依靠权威和管制。规则是干什么的呢？在《家庭教育》一书中有这样一句话："有规矩的自由叫作活泼；没有规矩的自由叫作放肆；不放肆叫作规矩，不活泼叫作呆板。"

对于孩子来说，规则不是法律，而是约定，这样的约定目的不是惩罚，不是约束，是成长的自律，成长的修为；是为了共建更完善，更和谐的家；是引导孩子成为社会人的第一步，初步培养孩子良好的社会性。

因为社会性是一个人未来立足社会，遵守社会伦理道理和法则的基础。比如，新闻上我们看到高铁扒门的女子、火车站翻越站台的男子、出国游被人肉的中国游客等，这些让我们汗颜的新闻和事件，无不是漠视规则造成的后果。

所以，规则是一个人能够获得自由、自觉的前提，是一个孩子最终获得别人尊重也尊重别人的基础。

在我们的调研中，家庭规则是其中的一个重要部分，我们从父母是否有意识制定家庭规则，以及能否有效执行家庭规则两个维度对父母进行提问和评分，并将这些父母关于家庭规则的得分结果与他们孩子的各方面表现进行相关性分析，试图弄清楚家庭规则对于不同年龄段孩子的各项发展到底有什么样的影响，是否存在着某些规律。或者不同年龄段孩子的家庭规则状况会影响到孩子哪些方面的发展，最终希望从这些调研的结果中得到一些启示，真实地看清家庭规则对于孩子发展的重要性和迫切性。

从调研的结果中,我们看到孩子越小,家庭规则对他们的影响越大。孩子在3~4岁的阶段,所有的发展方面都与家庭规则具有相关性,随着年龄的增长,这种相关性却逐渐减弱了。这个规律给我们的启示其实与我们普遍的做法正好相反。在我们的日常生活中,我们往往认为对于小宝宝来说,学习规则太过严苛,小宝宝通常会得到更多的宽待和纵容。父母总认为孩子还小,还不懂事,甚至还不会说话呢,怎么能要求他们遵守规则呢?于情于理都不合适呀。

但是,科学的调研结果告诉我们,3岁孩子的各项发展已经受到家庭规则的影响了,3岁前从来都不给孩子立规矩,也不要求孩子遵守规则,难道孩子一到了3岁家长就要立马换上一副面孔,开始对孩子严格要求了吗?这难道不是更不合情理吗?因此,家庭规则这一重要内容绝对不应该被父母忽视,甚至应该从孩子还未出生的时候就要受到父母的重视。在孩子还未降临的时候,家长就应该下定决心,并有所思考,准备在孩子的不同年龄阶段里为孩子制定怎样的规则。

孩子很小的时候父母往往缺乏规则意识,随着孩子长大,父母才开始需要更多的方法。只要一开始就有了家庭规则的意识,随着孩子的成长,父母遇到规则方面的挑战反而会越少。

在这个结果中,我们还会看到孩子的人际交往能力会持续受到家庭规则的影响。其实这个很好理解,一个从小就有规则意识的孩子,在与别人交往的时候往往知轻重,懂分寸,他们不会为所欲为,不会认为自己的需求大于一切。他们会了解万事都有个度,这个度是一条红线,如果他们跨越了红线就必须承担某些后果。更重要的是,父母借由家庭规则传递给孩子的价值观将伴随他们一生。一个从小就有明确价值观的人,内心一定是笃定而愉悦的,也会散发出积极向上的气息,这样的人怎么会不吸引其他人的亲近和向往呢？这难道不是人际交往能力的最高体现吗？

此外，我们还发现，孩子的身心状况和对于科学研究的探索欲望，会在很早就形成一个基础标准，而这个标准基本只是在3岁前会受到家长规则制定和执行能力的显著影响。越是规则明确，孩子越感到自在和放松，尤其是低幼龄孩子，他们需要感觉到父母的力量，父母的坚定也会让孩子不需试探，安心成长就好，忘情探索就好，这才是孩子真正需要专心去做的事情。

普遍的误区认为孩子大了才应该制定规则，事实上，规则制定越早，对孩子和父母来说越有利，也越有益。早于3岁的孩子，如1岁以前的孩子虽然还不知道什么是对什么是错，什么令人喜爱或令人不快，但是他已经有能力记住父母对他的行为所产生的反应，他能从中推论并决定自己接下来的行为。这说明，从孩子还是小婴儿的时候开始，规则就开始以关联性的形式存在并影响他们的行为了。这些最早期的规则，往往不是通过父母的语言，而是通过父母回应孩子的行为确立的。

比如：

孩子只要一哭闹，父母就会去陪她；
孩子只有在父母抱着到处走的情况下才会入睡；
只要孩子想吃东西，不管白天还是夜里，父母随时都会给她提供食物；
孩子只要坚持不喝奶粉，妈妈就会喂她母乳。

当孩子从父母的回应中得到了这些关联性，那么他们学会的第一条家庭规则其实就是"我要什么就有什么，我决定这个家里的一切"。

在父母还没有意识到家庭规则这件事之前，规则已经影响到孩子，或者孩子们自己可能还会确立很多类似的规则。比如，当他们每次从别的小孩手里抢来玩具都可以留下来，或者只要他们坐在地上哭闹，妈妈就会答应给他们买玩具时，他们内心会认为："我可以做决定，而不是我的爸爸、妈妈。"

所以，很多重要的、能够影响孩子以后成长的规则从孩子一出生就建立了。这并不是说孩子超过3岁以后制定规则有些晚，而是让父母意识到，规则越早制定对孩子越好。

再回到调研结果看，在孩子3~4岁这个阶段，家庭规则对孩子也有很大的影响。即便我们错过了3岁之前的建立家庭规则黄金时期，我们还有孩子对于规则的敏感期，家长要把握住这次机会，多学习和研究关于家庭规则的一些知识和方法，在家庭中尽早为孩子制定并坚持执行一些适宜的规则，一定会对于孩子产生非常积极的影响。

制定家庭规则的CRA原则

制定家庭规则要遵循CRA的原则，C—clear（明确的）的首字母，R—rational（合理的）的首字母，A—achievable（可实现的）的首字母。

C代表clear，意思是指制定的规则一定要明确。

这里的"明确"有多层意思：

第一，通过语言制定的规则，文字要简洁，用孩子能懂、好记的语言。而对于小一点的孩子，尤其是2岁以下的宝宝，语言的规则不如行动的规则来得直接。父母与其用语言来制止孩子的某种违规行为，还不如直接用行动来制止。

比如，当你看到2岁的宝宝要把手伸到鱼缸里抓鱼的时候，与其在他身后不停大喊，还不如直接跑到他身边，用手抓住他的手臂先制止住他下面的行为，然后把他转向你，看着他的眼睛告诉他，不可以把手伸到鱼缸里抓鱼，这样会伤害小鱼。也许宝宝这时还不懂你言语的意思，但是你的行动就直接确立了这一条规则。下一次宝宝再想把手伸进鱼缸里的时候，他很容易就会想起被你抓住手臂制止的情景，这是由孩子记忆的特点决定的。

小宝宝的记忆特点与成人不同，比起抽象的语言，他们对形象的、自己亲身经历过的事情记得更牢。对于小一些的孩子来说，父母应该用自己的行动，或者之前提到过的回应行为来给孩子制定规则，这样对于孩子来说会更加明确。

第二，规则的制定要黑白分明，没有灰色地带。什么叫灰色地带呢？就是那些模棱两可的内容。一件事情，可以做就是可以做，不可以做就是不可以做。这样清晰的规则最利于孩子理解和接受。就怕那些有时候可以、有时候不可以，或者对某些人可以、对某些人不可以的规则，会让孩子感觉非常混乱，他们因此会不断地试探，意图了解这次到底可不可以做，或者也会心存侥幸，想试一下这次的运气如何。

因此，制定规则的时候家长要非常明确，不要模棱两可。一个家庭的规则也是这个家庭价值观的体现，我们很难去评判一个家庭的价值观正确与否，但是作为一个家庭来说，不同家庭成员的价值观最好能够统一，就算不能真正统一，至少在某件事上传递给孩子的信息要一致。

举一个关于价值观灰色地带的例子：

你带着孩子晚饭后出去散步，在回家的路上看到地上有一个玩具小汽车，四周也没有其他人，这个时候孩子想要把汽车拿回家，你发现这个小汽车挺新的，但应该不是很贵，很像超市里免费赠送的那种。你会同意孩子把它拿回家吗？这个时候，你做出的决定是什么，可能都有你的道理，但是这样的情境就是一些价值观和规则的灰色地带。你的决定远没有这个决定的统一性重要。如果你不同意孩子拿回家，那么所有类似的情况你都要保持同一个决定，不能因为下一次捡到的小汽车更加昂贵或者下一次孩子的情绪更加激烈就同意他拿回家。让孩子对规则产生疑惑的往往都是这样的灰色地带，家长要尽量避免。

第三，为孩子制定规则的目的要明确。家长准备制定规则的时候，首先要想清楚，自己订立规则的目的是什么。我们经常会看到，在餐厅里，6岁的孩子还在让家长喂饭，或者看到只要是孩子喜欢吃的菜，就不许其他人动，整盘菜摆到孩子一个人的面前。很显然，家长很可能并没有给孩子制定任何用餐方面的规则，或者即便制定了，也因为想让孩子多吃一些就轻易放弃了。每次看到这些场景，都让人很痛心。很想问问这样做的父母，对于孩子的未来，到底什么才是最重要的？是今天他能多吃一口饭、多吃一口菜重要，还是未来他长成一个独立的、心中会考虑别人的人更重要？

给孩子制定规则只是一种手段，我们通过制定规则，传递给孩子的信息和教会他们的能力才是关键。比如，一般的生活日程类规则，帮助孩子养成良好的生活习惯，渐渐培养孩子的时间观念，为今后上学做好准备；不能伤害其他小朋友的规则能培养孩子的共情能力，是情商培养的重要部分；排队、分享、轮流这些规则其实是在教会孩子一些基本的社交技能，为他今后的人际交往能力奠定基础。

父母在确定规则之前，请先好好思考一下，自己到底想要把孩子培养成一个什么样的人，并以此为目标确立相应的家庭规则。就好像我们用GPS导航一样，只有输入了正确的目标，才能最终到达我们想去的地方。

所以，C—clear（明确的）的意思不仅仅指目标本身要清晰易懂、黑白分明，还指父母内心需要有一个非常明确的目标。未来希望孩子发展成什么样子，今天就要设立什么样的规则，这是家长责无旁贷的任务，也是我们给孩子未来最好的礼物。

R，即 rational，代表合理性。

在制定家庭规则时，父母要考虑到自己制定的规则是否合理。什么样的规则算是合理的呢？它至少需要做到两个"符合"，即符合孩子的性格特点和符合孩子的年龄特点。

每个孩子都与生俱来有一种后天很难改变的特质。就像我们常说的，每个孩子都是不同的，都是一颗独特的种子。经过大量对于儿童的观察研究，美国心理学家托马斯和儿童心理学家切斯，提出了分析儿童气质的九个维度。他们认为孩子的天生气质可以从活动水平、规律性、主动或退缩、适应性、敏感性、反应强度、情绪质量、分心程度、注意广度和持久性，这九个维度进行认识。这九种气质维度组合出千千万万种不同的孩子，每个孩子都有属于自己的独特气质。在制定家庭规则之前，父母一定要先了解自己的孩子，因为对于不同气质的孩子，设定的规则意义是不同的。比如，对于一个活动量强的孩子，你若要求他和你听音乐会要一动不动1小时，或者在半小时的车程里坐在后座上一句话不说，那未免太苛刻了。相反，你要是定下了规则，要求一个退缩（或者称为趋避）的孩子，每次都主动和你的朋友打招呼，或者要求他们在大庭广众之下要大声发言的话，那么你其实是在给自己挖大坑，设圈套。

这里并不是说不能让活动性强的孩子保持安静，也不是说可以允许退缩的孩子不讲礼貌；只是说，在制定规则之前，父母需要非常了解自己的孩子，从内心接受他们原来的样子，在这个基础上为他们设立适合他们的规则。比如，对于运动性强的孩子，就不要要求他们长时间的静止，在必须要长时间静止的情况下，需要提前安排一些活动，帮他们消耗一些精力。

作为父母不应该做只是一味制定规则、时刻准备着批评孩子不能遵守规则的人，应该做帮助孩子能够遵守规则的人。而制定规则的目的也是希望他们能够成功遵守，而不是要强他们所难。制定一些对于某种气质类型的孩子来说根本没办法执行的规则，是毫无意义的，它不但会令家长非常沮丧，也会让孩子觉得非常受挫，毕竟孩子的内心深处是希望得到家长的肯定。

虽然每个人的气质与生俱来，很难改变，但是每个人在不同维度上都有发展弹性。作为父母，在制定规则时既要考虑到每种气质的局限性，又可以有意识地借助规则来锻炼孩子在某一个维度上的弹性，增强他们在人际交往方面的灵活性。

家长在制定家庭规则时，除了要符合孩子的性格特点之外，还要符合孩子的年龄特点。

一次，亲子班上的一位2岁的小男孩，手里正拿着一个小沙锤开心地摆弄时，另一个小朋友过来就要抢他手里的沙锤，他下意识地就把沙锤藏到背后，那个抢他沙锤的小朋友就开始大哭起来。这个时候在一旁的妈妈大声并严厉地向他下达了指令："快把沙锤给小朋友，你怎么这样呢，妈妈不是教你要懂得分享吗？你这么自私，以后不会有小朋友喜欢你的。"一边说一边还硬生生地把沙锤从孩子背后的小手里抢了过来，交给那位大哭的小朋友。小男孩看到妈妈把沙锤交给别人，眼中充满了委屈而绝望的神情。

这种场景父母们一定不陌生，这位妈妈看似非常有规则意识，执行时也够坚决，但是有一点她忽略了，那就是对于3岁以下的孩子，在认知发展阶段上，他们都有一个显著的特点——以自我为中心。这是一个阶段性的特点，也是每个人所必经的认知发展阶段。要求这个阶段的孩子与别人分享是不符合实际的。这个时期的孩子大部分注意力都在自己身上，他们在体验自身经验的过程中建构着自我，只有完成了对于自我的认知，才可能开始延伸到对于我之外的世界进行探索。要想让孩子懂得分享，父母大可不必这么着急，等到3岁之后，孩子就会开始从身边的人那里学习社会交往的技巧。慢慢地孩子会明白，分享是人际交往的一个必要内容，他从别人那里分享过，也要把自己的东西分享给别人，这样才是一个自然而然的学习过程。

就算想要在孩子3岁之前便把分享作为一条重要的家庭规则来实施，那也要先从成人做起，用自己的行为把这个规则传递给孩子。所以，多了解一些孩子的发展特点很重要。孩子的世界与成人的世界有很多不同，家长要主动去了解孩子，不然会产生很多误解，也会对孩子的心理成长造成一定的影响。

因此，在最初制定家庭规则时，家长一定要对孩子的性格特点和年龄特点有所了解，才能使自己制定的规则是合理的。

A，即 achievable，代表可实现性。

家庭规则不是越多越好，尤其是对小孩子，太大的任务量只能让他们望而却步。就好像我们每次给孩子盛饭不要盛太多一样，孩子在开始行动之前会预估一下自己是否能完成，如果他们一开始就知道自己完不成，他们就不愿意开始了。另外，如果家庭规则过多，那么成人也会很辛苦，如果家长发现孩子开始对你说的话充耳不闻了，那么也许你需要反思一下了，自己平时是不是给他们太多、太频繁的指令了。

如何精简家庭规则呢？有一个"三不伤原则"。那就是不能伤害自己、不能伤害他人、不能伤害环境。这个"三不伤原则"几乎可以应用到所有情境中，对于孩子来说也非常好记。

在幼儿园，我们都会这样要求孩子，所有的小朋友都明白"三不伤原则"的意思。在别人攻击你的时候你要保护自己，因为你不能伤害自己；就算再生别人的气也不可以动手打人，因为你不能伤害别人；在教室里不能乱扔东西，因为你不能伤害环境。只要家长不断地与孩子重复这个最基本的"三不伤原则"，孩子们通常就不会出什么大问题。其实这个"三不伤原则"还有一个好处，就是能让小朋友明白规则的意义。比如，当孩子问父母，为什么上次我在家里就可以大声讲话，这次我在公共场合就不可以呢？父母可以这样回答他，因为上次你在家里大声讲话时，只有妈妈在家，而且是我允许你大声讲话的，你就没有破坏"三不伤原则"，但是在公共场合，你大声说话可能会影响到其他人的休息或者工作，你就伤害到他人了，因此是被禁止的。

除了控制规则的数量和简化规则之外，为了保证规则的可实现性，家长还要在一开始制定规则的时候，就考虑到执行这个规则的难度。最常见的就是一条规则是否能被全家人都执行。比如，如果你定了一条规则是吃饭时不能说话，但是你家的习惯就是晚饭时边吃边聊，那么这条规则就需要再考虑一下了。

家庭成员对于规则执行的不统一还有很多例子。比如，妈妈不许孩子睡觉前吃饼干，可是爸爸允许；爸爸说吃饭的时候孩子不许看电视，但是爸爸不在家的话，为了让孩子多吃一些，奶奶就会给孩子打开电视。在这种情况下，成人先要达成一致再来确定家庭的规则，但成人间达成一致往往是最困难的部分。在一个家庭中不可能没有任何意见分歧，家长们不妨从那些最容易达成一致的问题上开始制定规则。无论是父母还是祖父母，其实都是希望孩子好。从某一点开始，大家达成共识，看到了对于孩子积极的效果之后，接下来再达成下一个共识。这里的关键在于，全家人形成同盟的局面，这也许并不容易，但是为了孩子是非常值得去努力的。

另外，可以邀请孩子参与到规则的制定过程里来。尤其是大一些的孩子，可以采取开家庭会议的形式，所有人针对一个问题提出解决的方法，并制定相关的规则。最大限度地让孩子参与进来，不但让他们发言，认真听他们的意见，还可以让他们提出不同的意见，如果可以，也要尽量采取孩子自己提出的方案。另外，会议结束时，最好还有一个书面的产出物，可请孩子用画画的形式把规则记录下来吧，还可以把规则张贴起来，忘记的时候，家长不用多说，把孩子请到他自己画的规则之前，他一看就会明白。要相信，孩子们都是愿意履行自己的诺言的，即便他们总是会忘，但是一经提醒，他们一定会继续执行的。

如何执行家庭规则

规矩一旦确立就应该帮助孩子在一定时期内主动遵守。因此，规矩应该是公平公正、合理可行的。遗憾的是，很多爸爸、妈妈在定规矩时都过于随便，甚至只针对孩子定规矩，却把自己置身规矩之外，这样做有很多弊端。

一方面，随意定的规矩有太大的随机性，而且会带有情绪的成分在里面。很多爸爸、妈妈都是在孩子犯错的时候，因为一时生气，随口说一个规矩，很快自己就把这个规矩抛之脑后了。另一方面，随机定的规矩往往没有经过深思熟虑，可能只针对当时发生的某种特殊情况，而没有更好地考虑到覆盖面。众所周知，某件特殊事情发生的概率是很小的，规矩应该有一定的覆盖面，这样定的规矩才有可行性。

如果不能有效制定规矩，又谈何执行呢？当我们有计划、有目的地制定了家庭规则，下一步就是如何执行的问题了。

在执行规则的过程中一般会经历三个阶段：

第一个阶段是规则刚刚建立时，即规则的熟悉期。第二个阶段进入了巩固期，在这个阶段往往会出现很多的反抗和反复，父母需要有一定的应对能力。有时还会有第三个阶段，那就是遇到了某些总也无法执行的规则时，父母就要对规则进行拆解，把大任务以制定阶段性计划的形式切割成一个个小的任务，和孩子一起努力实现。

第一阶段规则的熟悉期。

在这个阶段最主要的任务就是要让孩子清楚地知道这条家庭规则，尤其是这条规则不是与孩子一起制定，而是家长单方面制定时，家长每次都要下达明确的指示。明确首先是语言简练，这和之前讲的 Clear 明确很类似，越是烦琐的语言，孩子越是不会理解。其次是最好使用正面的语言，比如让孩子在吃饭的时候不要站起来，远没有请他在吃饭的时候把小屁股放在凳子上面听着舒服。家长需要有意揣摩一下这些语言，一开始会感到有些奇怪，但是习惯了就自然了，而且你也会发现孩子的不同反应。此外，在下达指令时，父母要借助自己的声调和肢体语言，一是对于小一点的孩子来说声调和肢体语言更容易被他们理解；二是父母需要借助这些来让孩子感受到你的坚定。在这里需要提醒家长的是，坚定不意味着严厉和冷酷，坚定是由内而外的自信，语气可以很平缓，但是只要你内心笃定，你的态度就会传递给孩子，这比你说更多的话还有效。

比如，在孩子耍赖要在睡觉前吃饼干的时候，妈妈坚定地说："妈妈了解你现在很想吃饼干，但是咱家的规则就是睡觉前不可以吃饼干，因为那样对你的牙齿不好。现在你要上床睡觉了，明天起来早饭的时候我会给你一块你最喜欢的巧克力饼干的。"最终，孩子看到妈妈坚定的态度，放弃了打破规则的想法。

有趣的是，很多时候孩子在明明知道不可以做什么的时候仍然要问你，如果你不是一个很坚定的妈妈，那么这不奇怪，但如果你一直都很坚定，可孩子还总是会问，你会感到奇怪吗？其实这也不奇怪，孩子还很小，他们的意志不够坚定，很多时候他们需要家长作为他们的后盾，需要家长的坚定来帮助他们。在这种情况下，当你坚定地拒绝他们时，他们反而会松一口气，开始把注意力转移到其他事情上。因此，家长一定要比孩子坚定，并把这种坚定传递给他们。

还有一种方法叫"老唱片"法，这个方法对大一点的孩子更加管用。尤其是在他们不断跟你讨价还价的时候，不要被他们带偏主题，不要顺着他们的话题，要始终重复你们的规则，往往不用超过3次，孩子就会照你说的去做了。这一招在时间紧迫的时候尤其推荐，可以在早上叫孩子穿衣服的时候试一下。当然了，这一招不是对所有情况都管用，遇到一些孩子真正有意见的规则时，恐怕光说明白、讲清楚不管用了，我们就需要进入第二阶段了。

第二阶段巩固期。

很多规则最终不能固化下来，往往是由于父母不能说到做到。父母要想克服这个问题，首先要下定决心，愿意让孩子承受一些不遵守规则带来的关联后果。我们这里所说的后果不包括那些危及安全的后果。那些危及安全的行为会在第一时间就被制止，我们也不会给孩子留机会到第二阶段。

关联后果分两个类型，一种是自然后果，比如不吃饭就会饿，冬天在室外不穿外衣就会冷。另一种是逻辑后果，人为制定一些关联性，比如不把饭吃完就不可以出去玩。先来说说自然后果，这其实是让孩子理解规则并愿意自觉遵守规则的最好机会。当然，这也是父母最难容忍的，因为这些自然后果往往需要孩子吃一些小小的苦头，比如挨饿、挨冻。但是还是要回到关于价值的问题上，父母需要把自己的GPS调到未来而不是当下。

当下的吃饱穿暖只是人类最低层次的需求，我们需要借助规则让孩子成为一个独立有责任心的人，这些小小的苦头就是他们学习承担责任的最好机会。

再说逻辑后果。相对于自然后果来说，逻辑后果的使用，需要父母更加谨慎。因为设立合理的逻辑后果需要一定的育儿知识。比如，罚站就是一种逻辑后果，但是我们并不建议这种让孩子感觉不好带有惩罚性质的逻辑后果。正如正面管教中说的，孩子只有在感觉好的时候才会愿意做出积极的尝试。此外，我们还需要让孩子感觉到，虽然我们不能接受他们的某些行为，但我们对他们本身的爱是无条件的。而父母惩罚性的行为，往往会让孩子认为我们不再爱他们了。因此，父母在运用逻辑后果时需要非常谨慎。感兴趣的父母可以对正面管教中积极暂停的内容进行深入的学习。

父母在给孩子下某种禁止的指令时，尽可能地加上一些积极的内容。比如，"宝贝，现在要开始洗漱准备上床睡觉了，上床之后，妈妈就可以继续给你读昨天你超爱的那本小恐龙书喽。"

这样做的好处在于，不会让孩子产生对于成人指令或者规则的厌恶情绪，也会潜移默化地教会孩子，看待问题时，要同时看到事物的正反两个方面，培养孩子更加积极的心态。

第三个阶段反抗期。

当规则遇到执行不到位或执行不下去的时候，不能执行的问题到底出在了哪里？是孩子的问题，还是成人的问题？是规则设置的问题，还是具体执行的问题？无论有什么问题都不要灰心，面对问题积极解决就好。如果是父母自己的问题，那就给自己制定一个改进计划。如果是孩子的问题，就试着来个亲子之间的约定，和孩子互相监督互相鼓励。让孩子看到你的努力和决心，就是给他们做出了最好的榜样。

另外，还可以制订一些奖励的计划。但要注意的是，我们要更多地奖励孩子努力的过程而不是仅看结果。奖励计划，还可以锻炼孩子延迟满足的能力，让他们学会为了自己的目标而努力争取。

执行规则的最大挑战——孩子的反抗

规则是一种约束，有约束就一定会有反抗，在执行规则的过程中总会遇到孩子的反抗。孩子为什么要反抗呢？孩子的反抗有三种可能，第一种最好理解。因为大多数情况下，遵守规则要么意味着停止自己喜欢做的事情，比如玩积木，要么就是意味着要开始自己不喜欢的事情，比如去刷牙，或者两者同时包括，比如停止玩积木因为要去刷牙了。在这种情况下，孩子当然不开心，当然要反抗了。面对这种反抗，家长只要做到理解同情，但是坚持就好。毕竟，作为家长，我们的职责并不是保证孩子时时刻刻都开心，我们的职责是帮助孩子在正确的时候做正确的事情。在大多数这样的情况下，孩子其实知道自己应该做什么，他们只是需要发泄一下情绪，家长要有能力接纳他们的情绪，并安抚孩子，千万不要被孩子的情绪影响。这需要家长具备一定的情绪管理能力，并成为孩子的榜样。

第二种情况的反抗很常见，这种以试探为目的的反抗往往出现在一个规则刚刚建立的时候，或者出现在态度不够坚定的父母身上。有的时候，孩子的反抗就是为了知道他们到底有多少权利与影响力。这种乐于反抗的天性是人类与所有哺乳动物的共同点，行为生物学上叫做"攻击性社会探索"。所以面对这样的试探，父母需要注意的一是父母要共同分担，两个人都会陪孩子玩儿，也都会要求孩子遵守规则；二是了解了孩子的意图之后保持冷静，他们不过是把你作为了测试的对象，而且也没有谁比你更合适成为这个对象了；三是如果你的孩子碰巧是一个"小斗士"也不要退让，因为那只会进一步激发他们的斗志。

第三种反抗也很常见，那就是孩子发现只有他们不遵守规则时，才能得到父母更多的关注。因为孩子天生就渴望父母的关注，如果不能从积极的行为上得到父母的关注，他们就会尝试用破坏性的行为吸引家长的关注。遗憾的是，通常情况下，在大部分家庭里，后者都更有效。父母应该怎么摆脱这个怪圈呢？下面讲几个要点：

首先，父母要停止对不当行为的关注，反而更多地关注孩子的积极行为。对于一些不当行为，可以暂时采取忽视的方法进行冷处理，这是打破恶性循环的第一步，也是最关键的一步。

其次，父母要仔细观察孩子，发现孩子不当行为背后的需求，孩子们的表达能力有限，很多不当行为背后往往有着一些正当的需求，而解决这些问题的关键需要父母的细心观察，并基于对孩子的了解主动挖掘出来。

再次，要在规则执行的过程中让孩子自己承担更多的责任。如果不写作业的话，明天她需要自己面对老师，跟老师解释为什么她没有写作业。从一开始，父母就要让孩子知道，写作业是他们的责任而不是父母的。

另外需要注意的是，当孩子没有遵守规则而惹出了麻烦时，要让他们成为解决麻烦的一部分。比如，当他违背了不能在家里踢球而打破了杯子时，请他们帮忙清扫，并用自己的零花钱买一个新的杯子作为赔偿。

最后，最有效的方法就是增加对孩子的投入度，不仅仅是时间，更要在频次和质量上用心思。一个父母投入充足的孩子，是不需要借助不当的行为来争取家长的关注的。

有效执行家庭规则的关键

规则的制定是希望给孩子一个可供学习和坚持的标准,让孩子从小知道规则的意义和重要性。那么,有效执行家庭规则就显得尤为重要,具体有哪些关键点呢?

第一,和善而坚定是基本态度。

在执行规则的过程中,无论遇到孩子什么样的抵触和反抗,父母都要先管理好自己的情绪。同时立场要坚定,你越坚定,孩子试探的时间就会越短,下次在同一个问题上试探的可能性就越小。

你的态度是坚定又和善的。就像我们之前分析的孩子为什么会反抗,无论哪种原因的反抗,我们都没有必要跟孩子动气,反而要从一开始就做好面对反抗的准备,接纳和包容孩子的情绪。我们要有能力作为孩子的情绪容器,接纳他们所有的负面情绪,最好还能给他们示范一些处理情绪的方法。比如,面对一个气愤的孩子,我们可以说:"妈妈看到你很生气,生气的时候不好过吧,肚子里是不是像有一个火球?妈妈有时也会生气,妈妈生气的时候喝一杯水会好一点,你现在要不要喝点水呢?"只要我们留心,生活中处处都是教育的机会而不是亲情的战场。

第二,标准的统一执行是成功的关键。

所有家长都会发现,孩子们是最善于发现成人之间的不一致了,一旦成人在规则上产生了执行时的不统一,他们会在第一时间发现,并很好地利用自己的这个发现。尤其一个家里,父母两个人一个坚定而一个动摇,孩子最容易抓住这些漏洞,向不坚定的一方示弱以求得"保护",从而不去坚持规则。

第三，除了生硬地下达指令外，家长可以开动脑筋，发挥创造力，让自己的指令变得好玩有趣。

举几个例子：

穿衣服时来场穿衣比赛，刷牙时你扮演小猪佩奇、我扮演弟弟乔治。再或者来个反其道而行之，与总是喝汤太大声的孩子来场大声喝汤比赛，看谁更大声；和你怀疑有多动症的孩子玩个颤抖游戏，看看能不能5分钟之内抖个不停，你来计时。

总之，在与孩子相处时，我们要学会用孩子的方式与他们互动，真正走入孩子的世界。也许你会发现不一样的风景，我们和孩子更应该是这段路程上的同路人，一起欣赏风景享受美好的旅程。

在陪伴孩子成长的过程中，要建立一定的原则，这个原则是对一件事情开展之前的规则要求，要让孩子明确什么是可以、什么是不可以，而不至于混乱，没有行为准则。换言之，规则的建立更能让孩子感受到一件事情的发生，爸妈的态度变化不是对人，而是因为这件事情我做得不对而已。但如果没有建立一定的规则，父母往往更偏向用情绪来处理孩子的过错行为，孩子从中只能接收到混乱的状况，不理解爸妈的情绪走向，长此以往而归因到爸妈不爱我。有效执行家庭规则，有助于帮助孩子从小培养行为控制与自我觉察的能力，让孩子真正成长为自由、自觉，心中有爱、有规则的人。

案例篇

常见问题解决方案

Q：家长
A：伊顿家长大学校长曾珈（Justine）

Q：我们家里有俩宝，大的三岁，小的一岁，晚上睡觉我陪小的，老公陪大的。最近这段时间大的感冒在家，天天看电视，晚上看到十一点才睡觉，我老公叫他很多次都没用，强制把电视关了就哭闹个没完，每次都以我老公发脾气收尾，弄得我们都很崩溃。晚上睡得晚，早上就起得晚，吃完早饭带他玩不了一会就到中午了，回来接着看电视，也不睡午觉，好不容易哄睡了，时候就不早了，所以下午基本不带他出去玩。下午睡醒觉，玩一会儿，又嚷嚷着看电视！每天如此，真是不知道该怎么办了！

A：您好，从您的描述中我们大致可以看到三个可能的问题，或者说有三个线索供我们来寻求解决的方法。第一个，也是最明显的一个，那就是老大的生活规律有问题。这其实是最容易解决的，等他感冒好了，继续送幼儿园就会很快调整过来，这只是一个短期的问题。第二个，很可能是对老大的陪伴有问题。一方面，孩子总是看电视应该是因为没有人陪他做更有意思的事情，需要家长在陪伴的内容和质量上下些工夫。比如，妈妈可以和爸爸讨论一下，或者提前计划一些爸爸擅长陪伴老大做的活动。具体内容您可以参考"投入度"维度内的内容。另一方面，从孩子的表现上是不是可以推断出，妈妈对他的陪伴是不足的，所以会让他用哭闹的形式表达这种需求。其实在有两个孩子的家庭中，孩子们是会争夺父母的陪伴和关注的，在这种情况下家长需要好好规划自己的时间。每位家长都要有单独陪伴某个孩子的时间，也要有都在一起的时间。陪伴时间不一定很长，但是需要有这些安排。拿老大来说，虽然大部分时间是由爸爸陪伴的，但是也必须有妈妈单独陪伴他的时间，也要有妈妈和他还有老二一起的时间，也要有四个人一起的时间。总之，家长需要从提高陪伴质量和计划陪伴时间这两方面入手。第三个，关于孩子的生活规律和看电视时间的问题，家长需要考虑家庭规则。是不是有明确的家庭规则？是不是和善而坚定地执行着家庭规则？建议家长参考"家庭规则"维度的内容找到问题所在。

最后想说的是，二宝家庭里的父母确实会承担两倍以上的辛苦，但是我们同样会收获两倍以上的快乐。多学习一些方法，可以让我们的生活容易一些，希望我的回答对您有所帮助，加油！

Q：女儿三岁两个月，和妈妈同在一个幼儿园。第一周表现很好，没有哭闹。从第二周开始哭，不去厕所尿尿，憋着尿裤子，一直持续了差不多两个月。中间开始出现把书扔地上、爬桌子、踩凳子、推小朋友，玩具不让其他小朋友玩、不和小朋友交流等问题。每天早上和妈妈上学的路上很高兴，一进幼儿园里立马不高兴，现在还有吃手、咬牙的习惯。一开始我们问她喜不喜欢幼儿园，她说喜欢，现在问有时说不喜欢。想知道孩子为什么会出现这种情况，是否该换家幼儿园？

A：一般的孩子，家长在送完以后会离开，这样孩子即便可能会闹一下，但也可以慢慢投入后面的环节中，减弱分离焦虑带来的影响。但是，因为您在孩子的幼儿园工作，这就等于始终没有和孩子彻底完成分离，反而使得孩子很难进入接下来的环节中，造成了种种不适应的情况。

首先，您要有信心，分离焦虑一定是暂时的现象。其次，您最好能和其他的父母一样，一旦把孩子送到了自己的班级里，正式告别之后，就尽可能在下学之前避免和孩子见面。当然，在此之前要跟孩子讲清楚。比如，要告诉她妈妈把你送到班里以后就要开始工作了，只有下了学才能来接你。在此期间，即便孩子哭闹，也要坚持自己说过的话，不然孩子会用一些负面的行为来吸引您过来看她，如果每次都奏效的话，那就会进入一个恶性的循环。因此，您需要跟孩子一起坚持渡过这一特殊时期。但是，在晚上回家以后可以多陪陪她，和她聊聊您自己一天在园里的工作，慢慢地当她也开始跟您聊起园里的事情时，说明她已经基本适应了新的生活。

最后需要提醒的是，您要控制自己的焦虑情绪，在您的字里行间可以看出很多的担心。这是很正常的现象，但是作为父母，我们的内心要比孩子更加坚强，我们要用自己轻松愉悦的心情来感染孩子，孩子无时无刻不在观察和吸收，没有任何言语比您轻松的态度和自信的微笑更能安抚孩子的情绪。没有必要换幼儿园，在现实的生活中并不是总有第二个选择，从现在开始和孩子一起勇敢地面对这次小小的挑战吧，挺过过渡期，您和您的女儿都会为自己感到骄傲和自豪的。

Q：我的孩子现在四岁四个月了，前段时间通过向老师了解和对孩子平时的观察，发现孩子有总是追随其他小朋友的行为，无论那个行为是对的还是错的。我告诉她要有自己的想法，做一件事之前先判断一下别人做得对不对，如果不对就不要跟着去做，如果是正确的就可以向别人学习。一次我发现她又要学别人时，即刻叫停，并问她那个小朋友这么做是对还是错，孩子很清楚地告诉我这么做是错的。我还给她讲这么做可能引发的问题，虽说可能有些改善，但她身边的小朋友若有不一样的举动，她还是会不由自主地马上跟随，经提醒引导才可能停止。不知有没有更好的方法让孩子有自己的想法，并给出培养孩子自主判断和自控能力的好方法。

A：对于您的这个问题，我想从三个方面来回答。

第一，您的孩子现在才四岁多，正处在模仿敏感期。他们很愿意模仿比自己大或他认为某些方面比自己强的孩子，因此，孩子这种模仿别人的行为是很正常的。这也是我们作为家长要给孩子树立好榜样的原因。

第二，判断一个事情的对错，对于一个四岁多的孩子来说是很难的。孩子四岁多，他的大脑前庭组织还没完全发育好，对错的观念可以不用那么着急教给他。而且，在他这个年纪，很多事情现在还上升不到伦理的高度。但是，我们从小就要培养孩子的规则意识。比如把"三不伤害"原则（不伤害自己、不伤害他人、不伤害环境）作为基本规则反复印到孩子的脑海中，让他们知道，没有伤害到自己、他人和环境，我们就不会干涉太多。慢慢地，他们就会有自己的判断能力。

第三，怎么培养孩子的自主和自控能力呢？其实，培养孩子的自主能力，与其经常问孩子某件事是对是错，不如引导和鼓励他们想一些解决问题的方法。比如，可以问孩子，这件事情如果不这样做的话，还有其他什么方法吗？这才是真正培养孩子自主能力的关键。

培养自控能力也很重要。家长要培养孩子的延迟满足能力，在日常生活中，有意识地创造一些延迟满足的机会，比如孩子要玩具不要马上就买，延迟一段时间再满足等，这是最好的培养自控能力的方法。

Q：老师您好！最近几天我想给孩子转学，又怕转学后孩子不适应，非常纠结！孩子四岁三个月了，中班，他所在的幼儿园目前状态正常，但想转到另一个学校，新学校平时让孩子参与的活动比较多，家长参与孩子的活动也有，一个月一次开放日家长可以亲临班里看孩子们上课，每周还有两节外教课。麻烦您帮我分析一下，我们这个情况有必要转学吗？

A：您好！

关于孩子转学问题，能做出最后决定的只有您自己。不过，我可以分享一下自己的想法，希望能更好地帮助您做决定。

所有家长都希望为孩子争取更好的学习资源和教育环境。如果您认为那所学校对孩子的成长更有利，那您就有理由为他做出转学的决定。正如孩子上车必须系安全带，无论孩子怎么抗拒，我们都必须坚持。因为我们坚信系安全带是必要的。至于转过去之后，可能遇到的一些困难，如孩子不适应等问题，您可以想办法帮孩子去适应。比如孩子想原来的同学或老师了，您是不是可以继续保持跟老师或其他孩子的联系，或适当时候组织孩子们一起出去玩等，或许这也是一个能增强孩子适应能力的机会呢！这个问题的重点是，如果您认为这是对的决定，就该坚持，并做充分的准备，帮孩子尽快适应。

其实，人生中很多事情都不是绝对的，也没有一个标准答案。在做选择的那一刻，只要你认为是对的，就可以去做。虽然人生没有标准答案，你却可以采取行动，让你的每个选择都有一个更好的结果。

正如您这个问题，就算您最后选择了不转，您还是可以有意识地组织丰富的活动让孩子体会到幼儿园以外的乐趣，以弥补现在幼儿园的不足。

最后，建议您找一个安静的时间，把转的利害和不转的利害分别列出来，客观地比较哪个对您来说更有利，再去做最后的决定。

Q：您好！我们家大宝总是缠着他爸爸不让他去上班，他想看动画片就让他看了，看得好好的，他爸爸一走就哭闹，我老公也不忍心看着孩子哭，只好暂时不走了，过一会儿和他商量着去上班还是不行，一走还是哭，偶尔会好些，但是经常会这个样子！这是怎么回事啊？该怎么办呢？

A：您孩子的这种情况可能由两方面的原因造成。

一方面，爸爸离开时，分离方式有问题。如您所述，只要孩子哭，家长看着不忍心就不走了，这样做，势必会形成一个恶性的循环。孩子会认为我只要哭得厉害爸爸就不会走。这样，孩子就会反复用这个方法让爸爸留下来，这样的分离对孩子来说无异于小刀刺肉，会经历更漫长的痛苦。这种情况爸爸应该学会短暂的分离仪式，说走就走，坚定而和善。耐心对宝宝说爸爸要去干什么了，大概什么时候回来，并给宝宝一个拥抱，对他说"宝宝再见，爸爸爱你"等，然后转身离开。在走的过程中孩子肯定会哭得更厉害，因为他不相信这一切：爸爸怎么变狠心了？但反复几次之后，孩子会发现爸爸走了就是真的走了，但还会再回来。

这个问题从更深一层意义来说，还可能有另一方面原因。比如爸爸的陪伴不足，孩子才会渴望爸爸的陪伴。就如以前所说，家长如果不能在时间上保证的话，一定要在固定的频次上弥补和加强（参见本书"投入度"的课程）。在这个过程中，爸爸如果能保证每天都能拿出一段时间陪伴孩子，那么孩子就会知道虽然爸爸走了，但还是会给他充分的陪伴。另外，在陪伴孩子的过程中也要注意陪伴的质量，如跟孩子一起做一些孩子感兴趣的事情等，加强亲子间的连接。

由此，我们从分离的方式和提高自己对孩子的投入度这两个方面共同努力，相信这种情况会有所缓解。

Q：我家孩子三岁七个月了，男孩，入园三个月，但是每次只要我去送就会哭闹着不进去，也不让我走，好像在幼儿园里也并不是特别能融入进去。每天晚上都会告诉我，他明天不想去幼儿园，我问他是不是在幼儿园里不开心，他也不说，问他是不是在幼儿园里很孤单，他就会点头，然后说他只有一个朋友，再问他别的他就什么都不说了。还有一个问题就是每天早晨起来穿衣服、洗脸、刷牙都会特别磨蹭，我每次都会和他讲去晚了就没有饭吃了，他还是磨蹭，我就会生气地教育他。现在他一遇到问题就会特别着急，大喊大叫，还经常哭鼻子。像这样的情况我应该怎样去引导他，后期是否还能改过来，对他将来有什么影响？

A：您好！您的提问其实包含了四个问题，让我们逐一来剖析。

第一，孩子送园难的问题。您说送孩子入园时孩子总会哭闹不进去，那么，是其他成员，比如爸爸、爷爷、奶奶等，送他上幼儿园都哭闹，还是只有您送他时哭着不进去呢？如果是后者，那有可能您没有掌握送园的要领。

第二，您说孩子不能很好地融入幼儿园。其实三岁多的孩子表达能力还非常有限，再加上我们家长稍不注意，问了一些诱导性的问题，很多时候就偏离了事实的真相。因此从孩子嘴里得到的答案不一定客观。要想知道孩子到底能不能融入幼儿园，您可以向幼儿园老师咨询，或通过老师发的照片、视频等去发现，这样才能更客观。

如果通过这些渠道，您发现孩子确实有不合群的问题，那就思考：

首先，是不是孩子性格比较内向。其次，是否缺乏社交技能。针对这两点可以有针对性地突破。比如社交技能，您可以有一些助力行为，有意识地去培养他的社交能力。如做游戏示范等；或邀请要好的小朋友来家做客；或跟其他小朋友的家长交流，一起出去玩等，创造一些幼儿园外更安全更轻松的环境，让孩子更自然地去融入孩子中间。另外，很多家长平时习惯问孩子很多问题，其实是问不出什么来的。这时不妨用平行思考法，主动去讲一些自己的事情，孩子也会更容易打开话匣子。

第三，磨蹭的问题。您说孩子每天早晨起来穿衣服、洗脸、刷牙都会特别磨蹭，那这到底是天生磨蹭，还是因为不想去幼儿园而故意拖延呢？有的孩子也会因为穿衣、洗脸、刷牙这些技能还不太熟练而比较慢，这就需要我们多教他方法，让孩子多锻炼。

如果孩子确实因不想去幼儿园而磨蹭，那么，您跟孩子说"去晚了就没有饭吃了"自然是不起作用的，因为这既不是自然后果也不是逻辑后果，更不是他会在意的后果。要想孩子不磨蹭，就直接说孩子特别在意的后果。另外，家长一定要有规则意识，通过规则制定界线。比如跟孩子说8点出门，就必须在这时间出门，不允许他通过磨蹭的手段延缓出门的时间。

第四，孩子生气，大喊大叫。孩子，尤其是男孩，在三岁时，确实容易情绪激动。因为这时他会有很多的情绪感受，但由于语言表达的限制或缺乏方法的培养，他们没有办法去应对自己身上产生的这股"洪荒之力"。比如当他们愤怒时，他们可能不知道愤怒是什么，或者不知道怎么描述愤怒这种情绪，这些都会加大孩子的情绪激烈程度，让他们更着急。这时，可以多对孩子进行情商的培养。我们每天发的知识条里都会有课程专家提到情商培养的话题，教家长如何做、如何帮孩子给情绪命名等，建议您多关注。

总之，在养育孩子过程中都会遇到方方面面的问题。在您的字里行间也能感觉到您的焦虑，希望您能放平心态。成长本身就是一个时不时出现一些小问题的过程。但随着这些问题的解决，您会发现孩子已经慢慢长大了。这也是我们希望家长了解和学习育儿知识和技巧的原因。您会发现很多问题都是源于我们不了解。因为不了解所以焦虑。但随着我们教养知识和技巧的丰富，我们会发现，我们本身的焦虑降低了，很多事情也变得好处理了。

　　因此，希望您调整心态，多了解孩子，积累更多的技巧和知识，相信您会更加享受养育孩子的过程。加油！

　　Q：我家宝宝不会表达自己的想法。每次都会问她有什么想法，可她就是不说，回到家里问为什么哭也是不说。和老师沟通，老师也只是告诉我女女又干啥干啥了。我和孩子在一个幼儿园里，别人都说闺女有优越感。对于分离焦虑我认为是没有的，上下学都是爷爷接送。问喜不喜欢上学和老师，都说喜欢，就是搞不懂为什么哭。例如，早饭时闺女不吃，光摆弄餐盘，老师喂她也不让喂，自己也不吃，过一会儿老师说凉了别吃了收走，闺女就会哭，老师也搞不清她到底想干什么。当闺女哭时，老师就把她拉到别的地方哭，她就一边哭一边拉窗帘，遇到这种情况老师该怎么做呢？我有时进去看看，听到老师对闺女说明天别来了在家休息吧，闺女就急着说"来来来"。闺女哭时老师若把她晾到一边让她哭，她哭的声音会很大，穿透力强且持久。每天这样，作为妈妈听着心里真的很难受，闺女哭得连老师都烦，不知道该怎么办了。是该让她再大一些上，还是换家幼儿园呢？闺女就是属于那种不说的，这一点真的很头疼。刚刚闺女午睡又哭了，因为不盖被子，老师盖上她踢开，老师就给她穿衣服，可她却不穿。为什么在家能听妈妈的话，在幼儿园里老师的话不听呢？老师说宝宝任性，干什么都得依着她自己，不然就出现这种问题。假如是宝宝任性，为什么三个月了没有改变，每天都会哭，这样正常吗？作为妈妈该怎么引导宝宝呢？因为她在家里完全不是这样的，虽然有时候哭闹，可是哄哄会听的，而在学校里是不听老师的话，比如老师说你看你们班有一个小朋友哭没，闺女会很大声地说有！老师问是谁她就说"她"！

"她"是谁？就不说话了。回家问她觉得自己做得对吗，她也会说不对，要改什么的，就是在家说得好好的，一到幼儿园还是那样，每天哭、每天和老师对着干，还请帮忙分析分析。

A：通过您的描述，我认为孩子的行为表现并没有跟妈妈彻底分离。孩子想通过哭闹把妈妈吸引过来。

如果期待孩子的行为有所改变，首先您作为家长应该有些改变。不知道在这个过程中，您做出了什么改变，可以跟我分享一下。

咱们先说孩子哭的问题。无论孩子在学校发生什么行为，不管是拉窗帘还是不吃饭，您只要知道她的目的是吸引您过来，就知道自己该怎么做。

通过您的描述"有时进去看"，说明在幼儿园，您是会下去看孩子的。一哭，您就过去，如此反复，总是给孩子希望，就会进入一个恶性循环。改变这一现状的唯一方式就是忽略负面行为，怎么哭妈妈都不会来。不要把全部注意力都放到听孩子是不是在哭上，试着让自己的注意力转移到其他事务上面。

这期间肯定还会经历一段孩子哭得很凶的过程，你也会很难熬。但最终孩子会发现哭再久妈妈也不会出现，自然就会有所改变。

说到孩子有优越感，这是客观存在的，这个用不着回避，不过现在这种优越感已经变成了负面的影响，您可以做一些事情把负面影响转换成正面的影响。比如，跟孩子来个小小的约定，跟她说：当她不哭、表现很好的时候，可以跟她见一面，等等。

再来说一下孩子不说的问题。

孩子回到家的时候，用积极的手段接受孩子的情绪，引导孩子说出来。比如："你在学校开不开心啊？""有没有想妈妈啊？"尽可能多引导孩子说是或否，或者您先给孩子做示范，尽可能说一些自己的感受，孩子情绪平复以后，慢慢也会学会主动表达自己的感受。

总之，要解决这个问题，扳机不在孩子也不在老师手上，就在您的手上。成人的行为不发生变化，孩子是不会变化的。问题的关键在于调整自己的行为。

Q：孩子在公共场合大喊大叫，怎么样才能让他遵守在公共场合保持安静的规则？

A： 这其实是一个关于给孩子建立规则意识的问题。

建立规则意识其实包括两个方面，一个是建立规则，另一个是坚守规则。

在建立规则方面，建议家长不要给孩子建立烦琐的、孩子理解起来很困难的规则，简单明了的规则就行。最简单有效的规则是"三不伤害原则"，即不伤害自己、不伤害他人、不伤害环境。那么在公共场合大喊大叫，其实就是破坏了不能伤害环境或者他人的规则。"三不伤害原则"的好处在于，对于孩子来说清晰简单，好理解。

在坚守规则方面，态度要和善，而立场要坚定。态度和善的意思是，我们要接纳孩子的情绪，没有必要被孩子激怒。立场坚定的意思是要坚守住规则的底线，当孩子试探着违反规则时，一定要果断制止或者拒绝。如果孩子已经打破规则，还要让孩子去承担一定的后果。比如，当孩子在公共场合大喊大叫时，如果您之前已经跟孩子确定了"三不伤害"的规则，那么您就需要制止他的这个行为，并提醒孩子他已经破坏了"不能伤害环境或者他人"的规则，同时您还要帮助孩子执行之前约定的破坏规则后需要承担的结果，比如结束这次出行立即回家。当然，在这个过程中孩子很可能会大哭大闹，但相信我，您越是冷静、态度越是坚定，这个过程就会越短，未来发生同类事情的可能性也就越少。

Q：孩子越大越不知道该怎么管教，越管孩子越躲，跟你保持距离，怎么办？

A：这可能是因为孩子从小就没有跟您形成一个良好的沟通模式。很多情况下，因为成年人不了解孩子，没有看到孩子行为背后的真正需求，从而误会了孩子或采用了错误的应对方式，导致孩子渐渐地不再相信成人，不愿意跟成人沟通，更不愿意被成人管教。举个例子，有些家长经常跟我抱怨，他们说自己辛苦了一天，晚上一回家，孩子就赖着他哭闹不给自己一刻的安宁，真是痛苦不堪。成人很可能觉得孩子是在无理取闹、故意捣乱而责骂孩子，但其实孩子们只是想通过这个不恰当却是他们唯一能想到的行为来引起你的关注。因为他们太需要通过你的关注，来感受到你的爱。而家长的这种应对方式不但不会让孩子感受到爱，反而会让孩子渐渐地相信自己的父母不爱他们，也不在乎他们，日子久了孩子自然与我们渐行渐远。

所以，对于孩子不愿让家长管教的问题，家长们首先要反思自己的管教方式。要想管好孩子首先要相信孩子，相信孩子的每个行为背后都有一个正当的需求。作为家长，我们要透过孩子的行为，看到他们的那些需求，并及时给予满足，用行动让孩子感受到我们的爱。因为只有爱才是缩短距离的捷径。

Q：四岁多的孩子在幼儿园不太合群，但她回家没跟父母说，是老师打电话说的，她在幼儿园搞"小团体"，只跟几个小朋友玩，不融入群体。怎么让孩子融入群体？怎么让孩子主动与父母沟通呢？

A：这其实是两个问题。关于孩子愿不愿意融入群体，我觉得这跟孩子的性格有很大关系。有的孩子喜欢在大团体中跟一大群孩子玩，而有的孩子就喜欢在小团体中跟固定的几个小伙伴玩耍。其实只要孩子开心，对其他人也没造成影响，我们就没必要把这当成一个问题。要想教出快乐、健康的孩子，家长有时候还是需要心大一些的。

至于怎么让孩子主动与父母沟通的问题，这就跟家长平时与孩子沟通的模式有关系了。如果您跟孩子说话总习惯以问为主，让孩子回答。那么这种居高临下的沟通模式就会让孩子很被动，并且感受到压力甚至不被尊重。时间久了，孩子自然就不喜欢也不愿意主动跟家长沟通了，谁喜欢总被审问呢？您不妨尝试换一种更为民主的沟通方式，比如用平行思考法的方式，家长自己先说、多说自己的事情，不急着让孩子说话。一开始孩子可能还是不会主动发言，但只要家长有耐心，坚持一段时间后，孩子会愿意加入谈话中，并慢慢享受到与家人平等交流的乐趣。只有从心里喜欢沟通，才会开始主动沟通，成年人不也一样吗？

Q：孩子太爱发脾气，不合自己的意愿就大声喊叫，怎么管教能让孩子控制好情绪？

A：这里面包含两个问题。

第一，家庭规则的问题。孩子一不合心意就大喊大叫，是不是在他大声喊叫后您妥协过？家长需要反省的是，在孩子发脾气时，您是如何应对的。要做到态度和善但立场坚定。一味地让步，只会让孩子不断地试探你的底线。当孩子知道用大声喊叫不能达到目的，他们就不会再用这种方法了，孩子可比咱们想象的聪明多了。

另外一个是情绪控制方面。作为成人，我们要接受孩子的负面情绪，允许孩子有愤怒的情绪，并接纳、安抚这个情绪。但是不接受孩子处理这个情绪的不当行为，比如，当孩子生气的时候，您可以告诉他您看到他生气了，您也可以把他抱在怀里低声地安慰，但您要告诉他不应该在家里大喊大叫，更重要的是您还要告诉他如果不大喊大叫可以用什么方式来化解这个愤怒的情绪，如喝杯水、跑跑步、唱首歌……在这个过程中，其实您就是在教会孩子健康的处理情绪的方法，也就是在培养孩子的情商。请记住，每一次孩子发脾气的时候，都是您培养孩子情商的良机。

Q：孩子做事情太急，不认真，如何让孩子静下心来，多一些思考，做事情慢一点？

A：这个问题缺少很多必要的信息，不太好回答。

孩子做事太急，一方面跟他的性格有关，另一方面跟他的年龄和认知水平有关。如果是一个六岁前的孩子，他的认知刚发展到前运算思维阶段，对事情的判断在很大程度上取决于自身的知觉，很难会像成年人那样进行缜密的思考和推导，也就很难具备所谓的逻辑性。我们总说孩子们活在当下，这意味着他们不会顾及之前的事，也很难预见未来的事情。家长需要了解孩子的这个阶段性的发展特点。

另外，您所说的孩子的问题是基于自己的判断，那么这个判断是不是足够客观？我想在提这个问题之前，不妨问自己以下几个问题：

您觉得孩子做事太急，是不是因为您自己本身做事比较慢？

您觉得孩子需要多一些思考，是不是您在用成年人的标准要求孩子？

您的答案也许就已经回答了您自己的问题。

Q：我家孩子四岁半了，在幼儿园里总喜欢自己玩，老师也反映她不太爱说话，为什么她不像其他小孩那样活泼呢？

A：每个孩子都有自己与生俱来的气质，有些孩子喜欢说个不停，就算是见到陌生人也能分分钟混熟，愿意主动接近示好。但是，有些孩子正好相反，见到生人不但不会主动打招呼，对待熟人也不会表现得很热情，好像特别不喜欢别人注意到他们。

提出这个问题的家长，家里的宝宝应该就是属于后者。对于宝宝与生俱来的气质，家长首先要尊重孩子本来的样子，不要让孩子因为自己的气质而感到挫败和羞愧。家长也不该试图彻底改变孩子，毕竟每种气质都有自身的优缺点，根本谈不上好与坏。

但家长可以给孩子提供很多机会，去锻炼他们在每个气质维度上的弹性，最终成长为更好的自己。对于内向宝宝的家长，千万不要着急，您的步步紧逼只会让他们退得更远。首先要让孩子从您对待他们的态度上感到自在和安全，其次要把那些对于他们来说很困难的任务，切分成小的任务。比如，不愿意在大庭广众下说话，是不是可以先从跟爸爸、妈妈私下聊天开始，慢慢制造机会让他在家庭聚会上讲些什么，再慢慢过渡到在班会上发个言什么的。请记住，想通过给一个内向的宝宝报个小主持人班的方式，一下子把她变成外向的宝宝，不但行不通，还会适得其反。

Q：我以前工作特别忙，所以孩子小时候是由奶奶带的。我现在觉得亲子关系非常重要，就把工作调整了一下，用更多时间自己带孩子，但是我发现我家宝宝一到晚上就找奶奶，怎么哄都不行，心里很难受，到底怎么弥合这个关系呢？

A：这个事要分两方面去看。您觉得孩子现在跟您不亲，但是您有没有想过，奶奶的存在使得孩子在最初的时候依恋关系建立得非常完善。孩子最初的依恋关系决定了他未来的自信、乐观，是很重要的一种素质，所以您要从心里感谢奶奶在您不在的时候补位，帮您抚慰孩子，成就了孩子最初的这种安全感，这样您可能就更能理解孩子，也能发自内心地感谢奶奶的。另外，时间如流水，一旦过去了就没有重回的机会。您已经错过了，就只能用自己十倍、百倍的时间、精力弥补，没有别的方法，也没有捷径。这个时候妈妈可能要做更多的努力，但是您要坚信母子连心，这种母子之间的感情是天性，只要您坚持下去，让孩子感受到您这种不断加深的关注，他一定会慢慢重新接受您的陪伴。最后想说的是，不要跟奶奶争宠，孩子心里想跟奶奶睡，您就非不让他跟奶奶睡，这样孩子不会给您加分，他只能想我妈妈怎么这样，太残忍了。其实，有时候想想，争宠不是只有陪睡一条路。如果您在一个战场上已经失败了，就要转战其他战场，另辟蹊径。陪睡这条路输了，咱就认输，但是您可以变得更有趣，您可以比奶奶更可爱甚至可以更可靠。您还可以学会一些技能，比如做手工，或者运用一些心理的疏导方法让孩子觉得您更懂他，没有必要非得在陪睡这条路上挣扎，这样对大家都没有好处。持久地在他身边陪伴，那么相信孩子迟早还是会爱上您的。

Q：家里有俩娃，老大总说讨厌弟弟，怎么办？该怎么引导姐姐呢？

A：他们只是在表达自己心里那一刻的感受，就像气急了您也会说讨厌自己的伴侣一样。接受他们的情绪，但是在他们平静以后，引导他们体会别人听到这句话后的感受，教会他们共情。如果老二已经能听懂老大话的意思了，就要同时告诉老二，姐姐只是因为生气才那么说的，人生气的时候就是会说傻话，比如上次你说再也不爱妈妈了，但我知道你不是那个意思，对吗？

Q：孩子五岁半了，自尊心超强，家人就怕说啥伤了他的自尊。怎样和自尊心强的孩子好好沟通呢？

A：一般，家长自己爱争强好胜、追求完美，不仅会影响孩子，而且常会这样去要求孩子。所以，要培养孩子健康的自尊心，家长首先需审视自己是不是也有这样的情况发生，如果有，先改正自己，以平和的心态去面对生活，面对孩子，给孩子做个好榜样。

在日常生活中，自尊心强的孩子一般都害怕遇到挫折。您可以和孩子亲密接触，与孩子做一些胜负游戏，让孩子知道无论什么事情都会有成功与失败。

您还要让孩子主动面对挫折，体会挫折，让孩子知道挫折是我们生活中不可避免的事。有时候，自尊心也可以放下，接受别人的批评，改正自己的错误，会让自己变得更优秀。

当孩子的自尊心受挫时，不必迅速反应，因为您的敏感会强化孩子的自尊感。不妨采取"冷处理"，不给予特别的关注。让孩子慢慢消化自己的情绪，这样孩子慢慢就知道自己要承担情绪爆发的后果，悟到事情不像想象的那样糟，从而将自尊心回归到正常状态，同时也在这个过程中学到了管理情绪的能力。

另外，不要盲目指责和逼迫孩子，应"用心"倾听孩子的声音，不要急于给出建议与指导，最好先引导孩子说出内心的情绪，给孩子指出建设性的努力方向，平复好孩子的情绪。

Q：男生爱哭，长大会太"娘"吗？家长应该如何提升孩子的男儿气概？

A：男孩的语言发展本身就比女孩慢，很多时候，男人对情感的表达本身也比女人弱。还有一种情况，孩子有情绪要表达又说不出来的时候，他只能通过哭去表达。这时可以多教给他们一些关于情绪的词汇，去定义自己的情绪。另外，培养孩子的男儿气概，就要培养孩子的自信，让他们更多做选择和决定，主动承担更多的责任。还有很重要的一点，那就是父亲的榜样力量。父亲在孩子成长过程中是一个很重要的角色，是他们现在和将来模仿的榜样。很多爱哭的孩子，往往是跟爸爸接触得比较少，妈妈带得比较多，不妨让父亲多陪伴孩子。